観光先進国をめざして

日本のツーリズム産業の
果たすべき役割

JTB会長
田川博己 著

中央経済社

観光先進国をめざして

――日本のツーリズム産業の果たすべき役割

◉もくじ—観光先進国をめざして

第2章 「観光先進国」に向けて何をすべきか

第3章 旅行代理業からの脱却
…ツーリズム産業は旅の「5つの力」を発信せよ

第4章 2030年「ポストオリンピック」の旅

第5章 旅が変えるこの国の未来・人の生き方

終章 旅は人生、人生は旅

序章

日本にいま求められる「ツーリズム発」のイノベーション

◉世界における日本の観光競争力ランキング

２０１８年１月12日、国土交通省は２０１７年の訪日外国人旅行者数が約２８６９万人となり、過去最高を更新したと公表しました。２０１６年に比べ19・３％増となっています。また、外国人旅行者消費総額は前年比17・８％増の４兆４１６１億円で、５年連続して過去最高を更新しました。

２０１６年の訪日外国人旅行者数は、２４０３万９０００人であり、外国人旅行者受入数では世界15位、国際観光収入ランキングでは11位となり、成長過程にありますが、私はこの数字を見て非常に悔しいと思っています。

日本は、モノづくりでリードしてきたので、モノづくりでこのような数字が出たとしたら、「悔しい！　日本のモノづくりは、世界一でなければならない！」となるはずです。そういう悔しさがあって、日本は戦後70年、モノづくりで成功してきました。コトづくり産業であるツーリズム産業の人たちは、こういう数字を見て「悔しい」という気持ちになってもらいたいと思います。

ところが、２０１７年４月に、ダボス会議の名前で知られる世界経済フォーラム（ＷＥＦ）

図表1　日本の外国人旅行者受入数

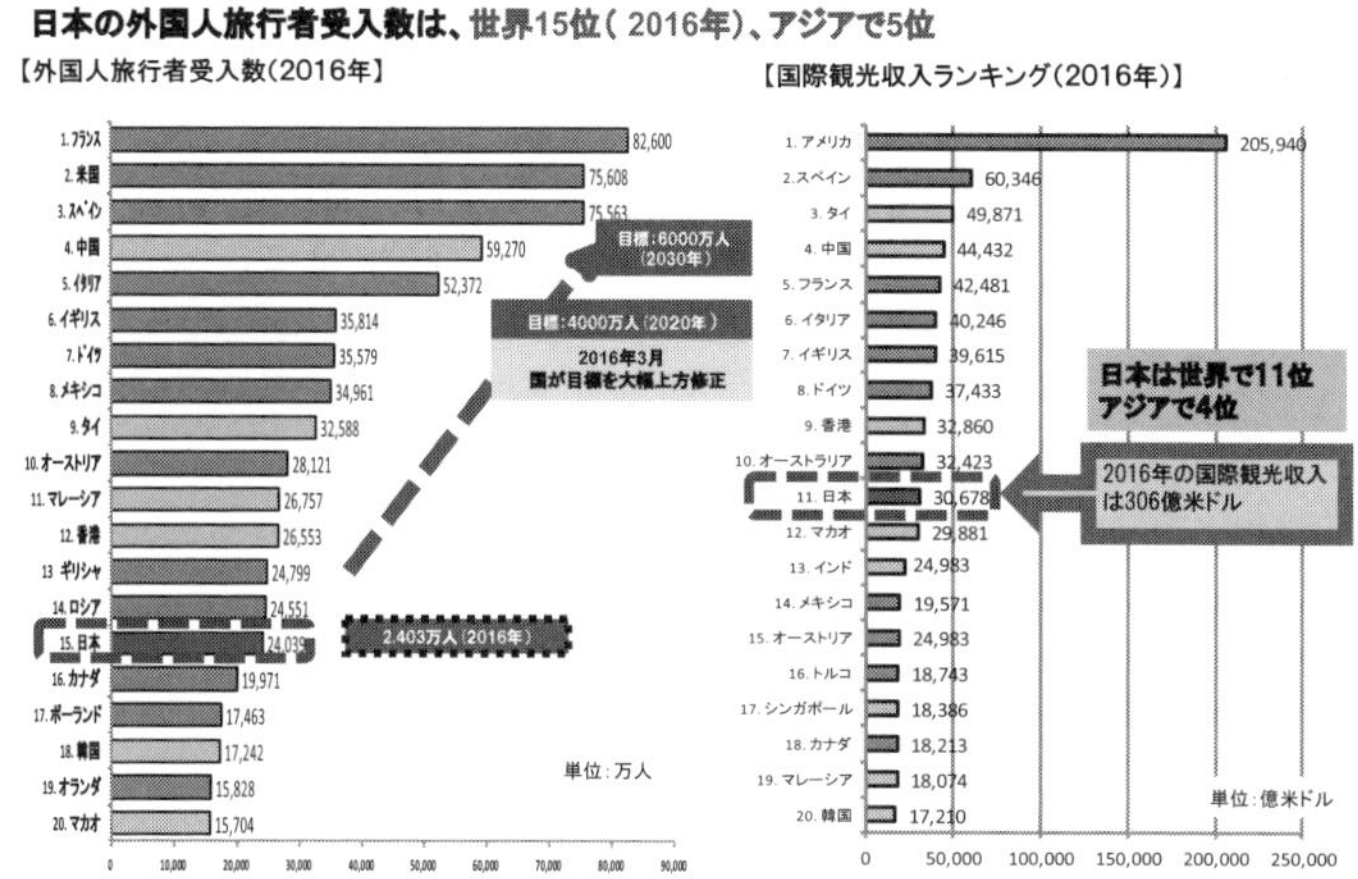

出所：UNWTO Tourism Highlights 2017 EditionをもとにJTB総合研究所作成

図表2　日本の観光競争力

World Economic Forum（WEF：ダボス会議）
観光分野における国際競争力ランキング2017（TTCIレポート）より

2017年順位	2015年順位	順位変化	国名
1位	1	→	スペイン
2位	2	→	フランス
3位	3	→	ドイツ
4位	9	↑5	日本
5位	5	→	イギリス
6位	4	↓2	アメリカ
7位	7	→	オーストラリア
8位	8	→	イタリア
9位	10	↑1	カナダ
10位	6	↓4	スイス
11位	13	↑2	香港
12位	12	→	オーストリア
13位	11	↓2	シンガポール
14位	15	↑1	ポルトガル
15位	17	↑2	中国
16位	16	→	ニュージーランド
17位	14	↓3	オランダ
18位	20	↑2	ノルウェー
19位	29	↑10	韓国
20位	23	↑3	スウェーデン

躍進
2017年：4位
2015年：9位
2013年：14位
2011年：22位
2009年：25位

出所：World Economic Forum（The Travel & Tourism Competitiveness Index）よりJTB総合研究所作成

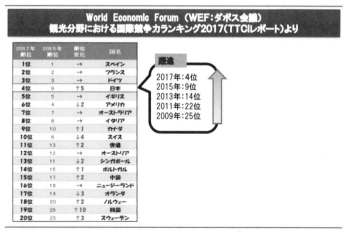

の観光競争ランキングが発表になり、日本は前回の２０１５年の9位から4位までランキングを上げました。上位3カ国は前回と同様で、1位はスペイン、2位はフランス、3位はドイツです。この観光競争力レポートは、2年ごとに発表されている世界の旅行・観光業に関する報告書で、２０１７年版は評価算出基準となる4領域14項目90指標に基づき、各種調査より算出しています。

「顧客への対応」や「鉄道インフラ」については、今回も変わらず1位でした。「旅行や観光への優先度」という項目において、「国がどれだけ旅行・観光産業を発展させることを優先事項としているか」という指標が42位から16位と大きく順位を上げたこと、「観光客を魅了するためのマーケティングやブランディングがどれだけ効果的だったか」という指標が57位から27位に上昇したことが、今回躍進した注目すべきポイントです。

政府が「観光」を今後の日本経済をけん引する基幹産業と位置づけて、さまざまな施策や規制緩和を実施していること、ツーリズム業界はもちろん他産業の企業や地方自治体等、産官学が力を合わせて地方創生に取り組んでいることが評価されたのです。

一方、「自然資源の認知度」という項目では60位という評価でした。不思議に思われます。日本は自然が豊かで、木がない山はありませんし、田んぼも季節ごとに美しい表情を見せてくれます。お金をかけてでも手に入れたい緑が、日本にはいくらでもあります。このことが、日

図表3　日本のランキング上昇のポイント

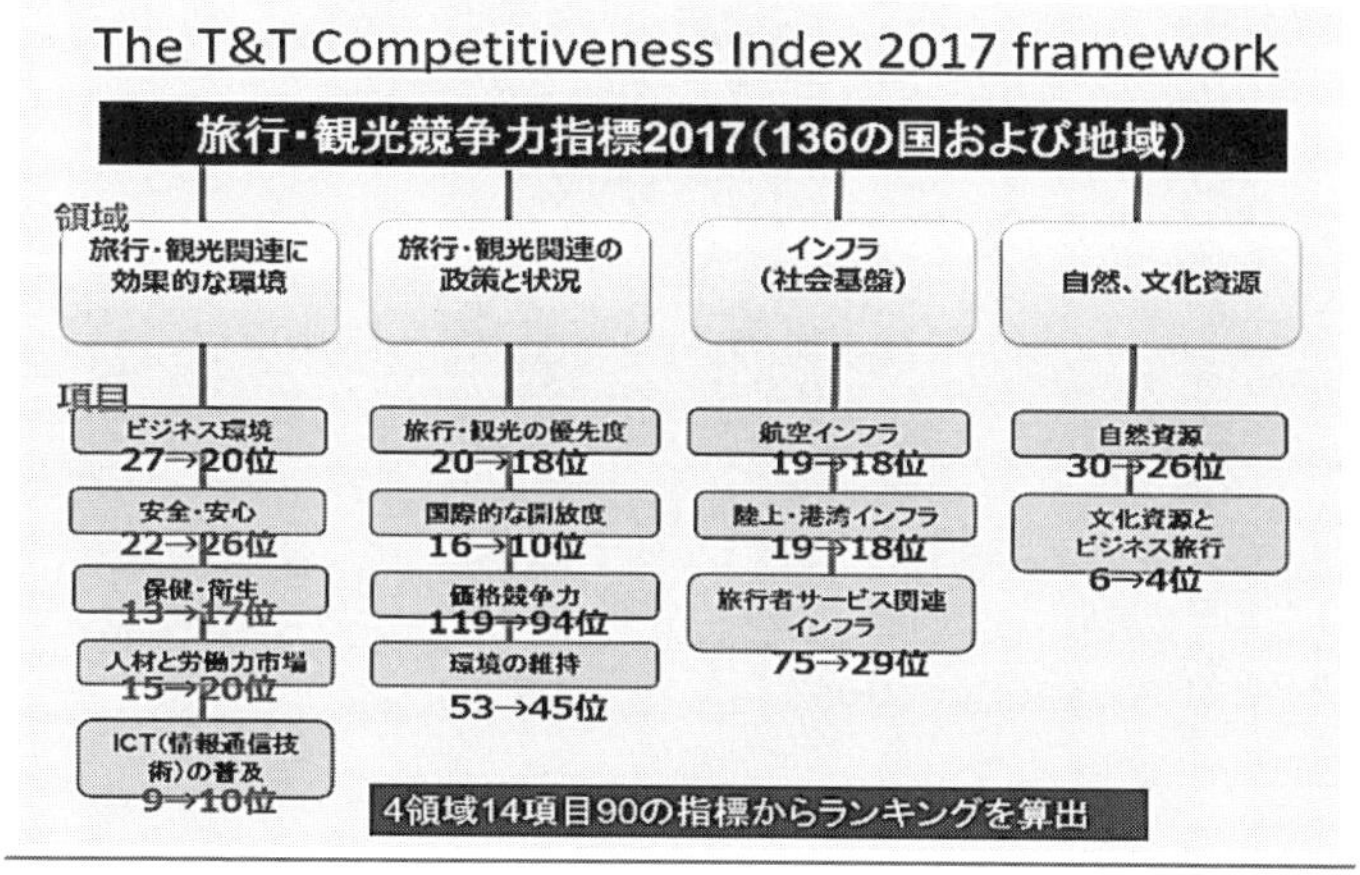

出所：World Economic Forum（The Travel & Tourism Competitiveness Index）よりJTB総合研究所作成

図表4　世界1位になった10の指標とは？

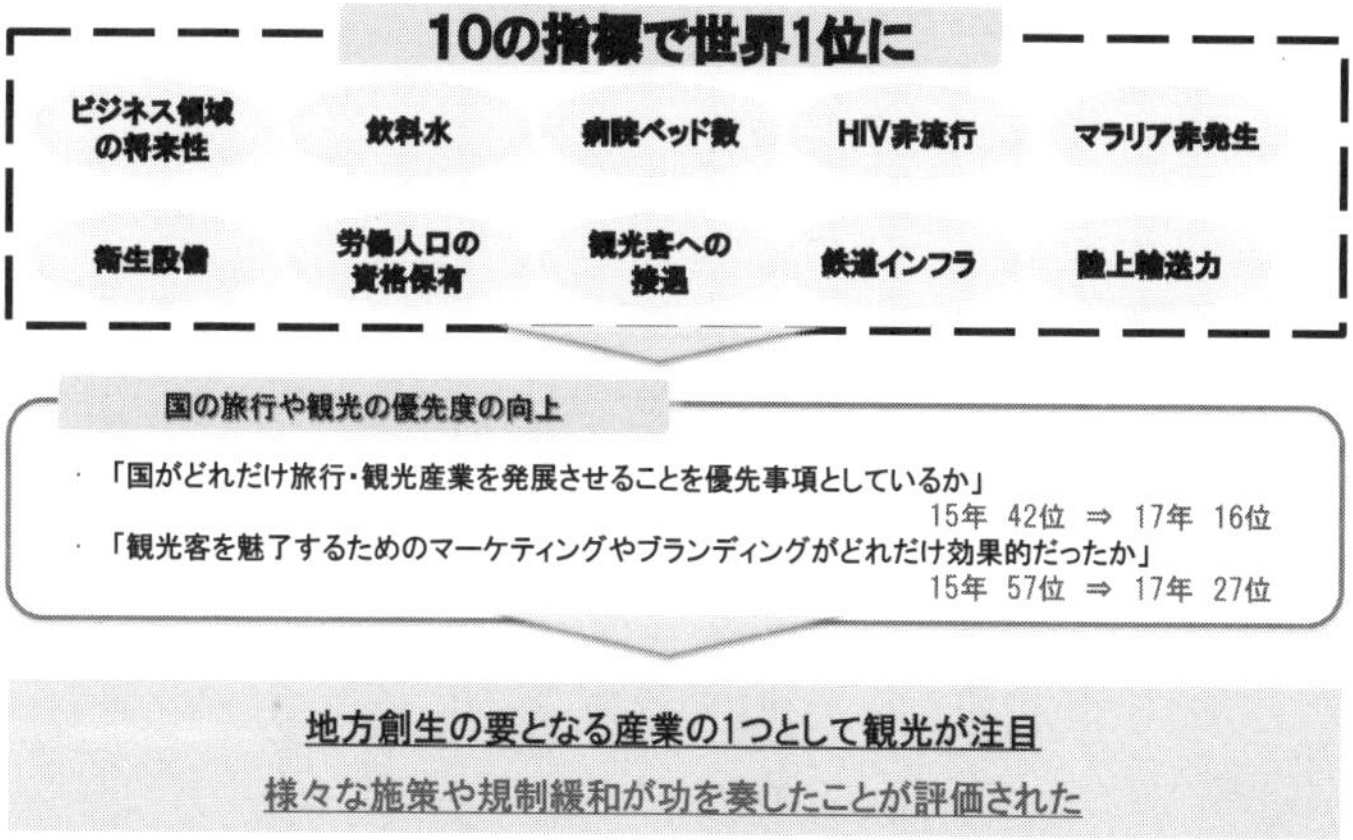

出所：World Economic Forum（The Travel & Tourism Competitiveness Index）よりJTB総合研究所作成

本人にとっては当たり前すぎて、ありがたいと思えないのかもしれません。

また、「旅行や観光への優先度」の中の「国のブランド戦略」という指標で、15位から42位に順位を下げています。これは、歴史、行先、ビーチ、食、買い物、地域、スポーツなどの観光にかかわる45のカテゴリーについて、世界中の旅行者がインターネットで行った1288万に上るキーワード検索結果を分析し、得点化したものです（Bloom Consulting Digital Demandより）。順位の低さは、国や自治体のサイトやSNSのカウント上で十分な情報提供がされていない、または情報提供がなされていても旅行者にとって重要でないコンテンツに偏っているといった可能性が示唆されています。

次回の発表は2年後の2019年で、ラグビーワールドカップが開催される年であり、東京オリンピック・パラリンピックの前年で、世界から注目される時期です。

上位の3カ国は真の観光大国ですので、そう簡単にはランキングを上げられないところではありますが、気持ちのうえでは上位を目指しつつ、4位を守るということが非常に重要なことであり、国やツーリズム産業にかかわるすべての人が意識すべきことだと思います。

⊙日本のもつ価値を再発見する

少子高齢化と人口減少社会を迎える日本において、インバウンド市場の拡大が日本経済の成長には必要不可欠であることはいうまでもありません。2007年からスタートした観光立国推進基本計画から10年がたち、2016年には、日本を訪れる外国人は前年から430万人増の2404万人になりました。

日本の観光インバウンド政策は劇的に成長しています。

しかし、訪日客は伸びているとはいえ、外国人観光客を年間8260万人（2016年）も受け入れて425億ドルもの観光収入を得ているフランスと比較すると、観光産業の成長余地はまだまだ無限にあります。

日本のインバウンド観光が増えている中、地方に目を向けてみましょう。日本に魅力を深く感じ、日本でビジネスを始めたり発信をしたりする外国人が現れています。

たとえば、北海道のニセコ地域。良質のパウダースノーを求めて、季節が逆で時差が2時間と少ない南半球のオーストラリアからスキー客が殺到しています。オーストラリアのリゾート会社や不動産会社が宿泊施設を開発し、旅行会社がツアーを組み観光客を呼び込むなど、小さな町が賑いを見せています。

ここでツアービジネスを始めたのが、ロス・フィンドレー氏です。1990年にオーストラリアからスキーのインストラクターとして来日し、ニセコ地域の自然に惹かれ移住しました。

図表5　訪日外客数の推移

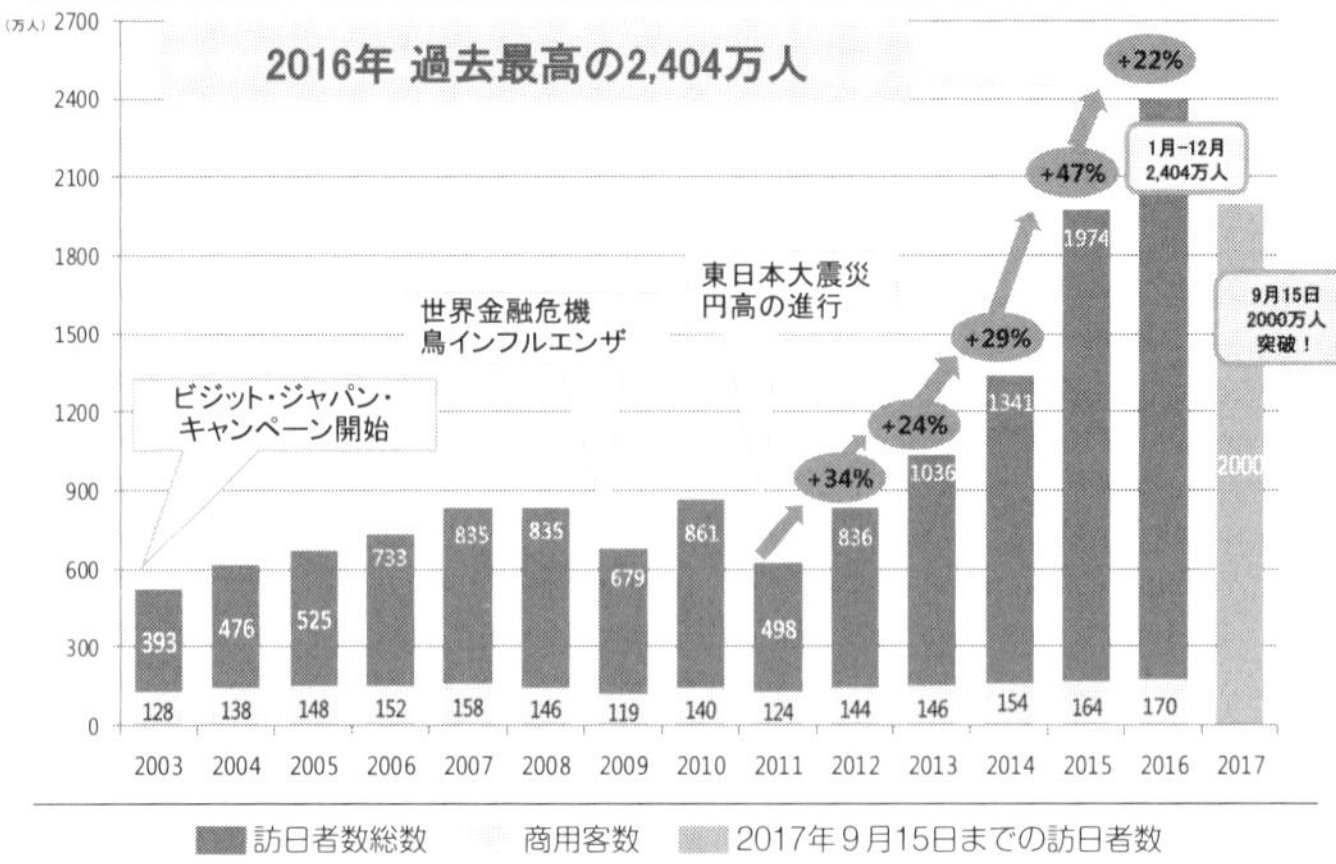

出所：日本政府観光局（JNTO）

彼が経営するニセコアドベンチャーセンター（NAC）はスキー客だけでなく、夏にもニセコに観光客を呼び込もうとラフティングツアーを企画し、大きな成功を収めています。2003年12月、国土交通省が選ぶ「観光カリスマ百選」のひとりとしても、功績を認められました。私は、その選定委員会の委員を務めました。

他にも、外国人の視点から日本の観光業界に刺激を与える人たちがいます。東洋文化研究家であり、京都の町家再生に力を入れるNPO法人篪庵トラスト理事長のアレックス・カー氏。イギリス出身の金融アナリストながら、国宝修復などを手掛ける小西美術工藝社社長となって経営を再建し、日本の観光政策に警鐘を鳴らし続けるデービッド・アトキンソン氏。その他にも、日本のまちや文化に魅せられ定住し、ビジネスとして携わる外国人が続々と現れています。

彼らは、日本にほれ込み、日本の良さを見直すとともに、観光産業のあり方にも、日本人とは違う視点から積極的に持論を展開し発言をしています。そして、日本のもつ価値の再発見をしています。

日本の商品やサービスの質も魅力ですが、どうやら他国にはない「コンテンツ」、すなわち伝統・文化・気候・食・人など、旅の中で出会う日本の本質が海外の人々を惹きつけているようです。

私が副会長を務めるＷＴＴＣ（WORLD TRAVEL & TOURISM COUNCIL：世界旅行ツーリズム協議会）が２０１２年東京でグローバルサミットを開催した際に、来日された方々をもてなした中で、一番人気のあった場所は築地市場でした。

参加者はほとんど女性で、朝４時半集合でもバス２台を連ねて行きました。そして、異口同音にまた行きたいというのです。何が魅力かと聞くと、市場で働く人の活気です。仲買人の独特の掛け声も面白いといわれました。

こんな話も海外からのお客様から聞きました。「高い寿司屋に行ってみたけど、面白くなかった。でも、すしざんまいと回転寿司は面白かった」と。なぜかというと、お店に入った瞬間「へい、いらっしゃい！」と威勢のいい寿司職人の掛け声が非常に楽しくて、印象に残ったというのです。

それが、彼らの感じる日本の寿司文化のひとつです。料理を食べに行くのか、文化を食べに行くのかの問題です。海外からの外国人を招待するときは「高いお店でなくていいですよ。それよりも元気なお店がいいです」といわれることもあります。

そして、築地のマグロの競りや商店で働く人の威勢の良さに興味を示すように、味や品質はもとより、そこにある文化やエンターテインメント性、つまりソフトがもつパワーに関心を示しているのではないでしょうか。

そこで、私たち旅行業界が、魅力ある日本を発信し、国内のみならず海外からお客様に来てもらえるにはどうすればいいのかと、工夫しながら着目しているのが「ツーリズム」という概念です。

◉「ツーリズム」＝「観光」ではない

ツーリズムは、物見遊山の観光旅行だけではありません。私たちは「人々の流れを創出し、交流、消費を促すとともに新たな価値観を創り出す活動」と定義しています。

ツーリズムの担い手は、単に個人や団体の旅行をあっせんする事業者だけを指していません。旅行者の行動を考えてみると、そこにはいろいろな目的があり、さまざまなサービスや商品の購買行動があります。

交通機関を使って移動し、自然景観や歴史文化遺産を楽しんだり、テーマパークのアトラクションを体験したり、食事をしたりします。ホテルに滞在し、温泉にくつろぐ、土産品を買う、あるいは家電製品や化粧品をたくさん買い込む「爆買い」もあるし、外貨の両替やクレジット会社との取引も発生します。

また、旅を楽しむには情報を得ることも大事なことです。旅は観光だけではなく、研修や会議、出張、修学旅行という目的もあるし、コンサートや演劇を楽しみに来ることもあります。農業や野外活動、自然保護活動、震災ボランティアなどの体験旅行もあります。

ツーリズムを支える産業・団体は、非常に裾野が広く、観光というジャンルだけにとどまりません。そして、旅をただ名所めぐりの観光旅行と捉えるのではなく、魅力的なコンテンツや事業とからめて複合的に「産業化」することで、観光は「ツーリズム」のビジネスへと進化します。

これは日本の経済成長をけん引するだけではなく、地域経済を元気にする原動力となります。地域の価値・魅力を再発見することで、まず自分たちのまちの歴史と文化を振り返り、誇りをもてるようになります。

旅を中心に取り囲む周辺産業が活性化しますし、大きな経済効果が上がれば地域の雇用を生むことができます。日本のサービスや業態がもつ質の高さ、コンテンツがもつソフトパワーの魅力を再発見し、旅行者に知ってもらい、体感してもらうことで、観光関連産業は大きく拡大成長できるのです。

しかし、価値の再発見と同時にそれを広げ伸ばしていくためには、日本の事業者が従来の意識から脱皮し、より努力していかなくてはなりません。

ＪＴＢは明治45年3月に創立し、２０１８年に１０７年目を迎えます。創立者のひとりで、当時の逓信省官僚で、後の鉄道院営業課長の木下淑夫は、欧米人が日本を小国と見なし真の実情を理解していないことを残念に思い、実際の日本を世界に知らしめ見てもらうことを目的とした「外客誘致論」を展開しました。

海外からの客人を世界中から誘致して、日本の国富・国益に貢献しようとしたわけです。この発想は、現在の観光立国政策の基本構想にも通じています。だからこそ、私たちは日本のツーリズムをけん引してきた企業と自負しています。

さて、2016年4月に、ダラスで開かれたWTTCの理事会・年次総会（グローバルサミット）で、私は副会長に就任しました。

WTTCは世界の大手ホテル、航空会社、旅行会社、空港会社などの経営者からなるグローバルな団体で、ロンドンに本部があり、全世界150の企業が加盟しています。毎年、国際機関や各国政府、国内外の経済団体やメディアなど約1000名が集う大規模な国際会議を開催し、規模の大きさと多様性から「観光分野のダボス会議」と称されています。

私は副会長として東南アジア、北アジア、オセアニアを担当することになりましたが、日本人としては初の副会長への就任でした。

2012年4月に、仙台と東京で開催されたグローバルサミットでは、私も開催国の代表者として力を尽くし、東日本大震災で被災した日本の復興とアジアの展望、世界のツーリズム産業の潮流などを話し合い、実り多い議論となりました。それを評価されての就任ということで、非常に栄誉なことだと思います。

任期の3年間、世界各国の旅行産業と協調・連携しながら、アジア・オセアニアのツーリズム産業の発展と成長に貢献していくことが使命となります。そして、ただ売り上げを拡大し利益追求するだけでなく、環境への配慮、地域文化の維持、経営の透明化など、企業市民としての質を高めていくことが求められると、気を引き締めています。

理事として最初に出席した2015年のWTTCのパリでの理事会において討議したテーマは「難民」でした。ツーリズムの会議で、このような国際問題を取り上げることは、島国である日本では考えられないことです。

しかし、難民・移民を制限することは、それによって往来の自由が阻害されることにつながります。

そうなればツーリズムの停滞を招くことになり、グローバル社会における旅と人の移動を考えるときにこのテーマは避けては通れません。

2020年の東京オリンピック・パラリンピック大会までが一過性の「ビジット・ジャパン」ブームに終わることのないよう、ツーリズム産業発展に向けての未来図を探るために、この稿を起こしていきたいと思います。

ツーリズム産業の確立自体が長い旅になるかも知れませんが、この国の将来ビジョンの一角を照らす希望の光となることを私たちは確信しています。

第1章

「境界を超えた旅」が始まる

……日本のツーリズム産業を世界の視点から俯瞰する

旅行業は「成熟産業」ではなく「成長産業」である

⊙ツーリズムが経済と雇用に与えるインパクト

グローバル化の進展により、世界における人の流れは拡大を続けています。国を超えて人やモノ・カネの行き来はより活発に、また複雑になり、バウンダリーレス、ボーダーレスは世界の常識になっています。

しかし、EU離脱の是非を問うた国民投票でイギリス国内は激しく揺れ、結局離脱の道を選択しました。また、アメリカの大統領となったドナルド・トランプ氏は、メキシコとの国境に壁をつくり移民を制限することを強く訴え、アメリカ保守層の強い支持を受けました。

移民や難民の問題は、自国民との就業機会の奪い合いやテロの問題など、国民感情の奥底には国境を超えて外国人を受け入れることへの拒否感があり、人の流れには複雑な面もあります。

とはいえ、経済が活性化し、情報が伝達されることによって、自分たちの国内のみならず、どこかよその国を訪れたい、暮らしてみたいという人々の欲求が高まることは自然なことです。

図表6　訪日消費は主要な輸出産業と拮抗

2016年の訪日外国人旅行消費額（速報）は3兆7,476億円で、電子部品の輸出額を超える第3位の規模となっている。

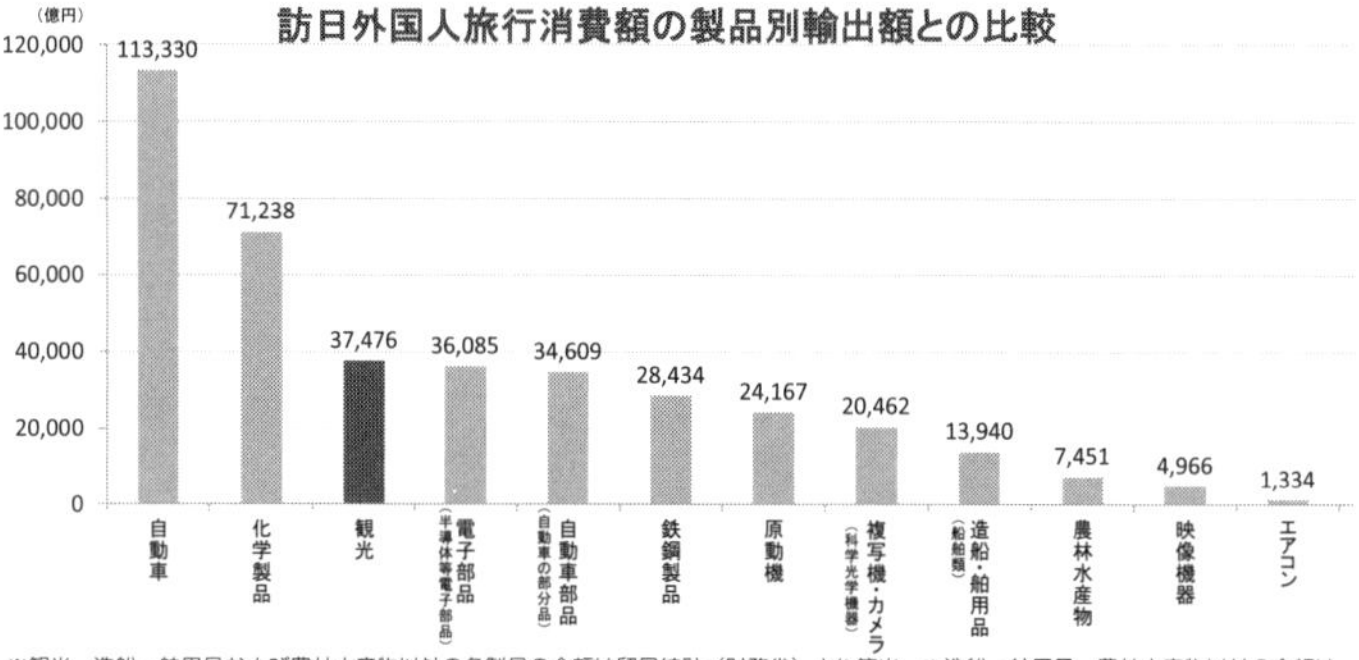

※観光、造船・舶用品および農林水産物以外の各製品の金額は貿易統計（財務省）より算出。※造船・舶用品、農林水産物以外の金額は2016年の数値。※造船・舶用品の金額は2014年の確報値で、海事局データより算出。※農林水産物の金額は農林水産省公表値で、2015年の確報値。※映像機器にはテレビの輸出額を含む。※カッコ内に記載の品名は、貿易統計における品名を示す。

出所：日本政府観光局（JNTO）

経済的に大きな発展を遂げた北東アジア・東南アジア地域では、国際観光市場において、世界の中で最も高い伸びを示し、今後の伸長がさらに見込まれています。

アジアの国際観光到着人数は、2010年に1・81億人でした。世界の総到着人数が9・4億人ですから19・3％です。

しかし、アジアの国際観光到着人数は2020年には3・18億人、2030年には4・8億人と、20年で倍以上の人々が移動すると予測され、大きな市場を形成することが期待されています。

ここで、ツーリズムの経済波及効果と、雇用創出効果について、数字から見ていきましょう。

観光庁のデータによると、日本における旅行消費額は、2016年に25・8兆円と試算され、

図表7　ツーリズム（観光）産業とは

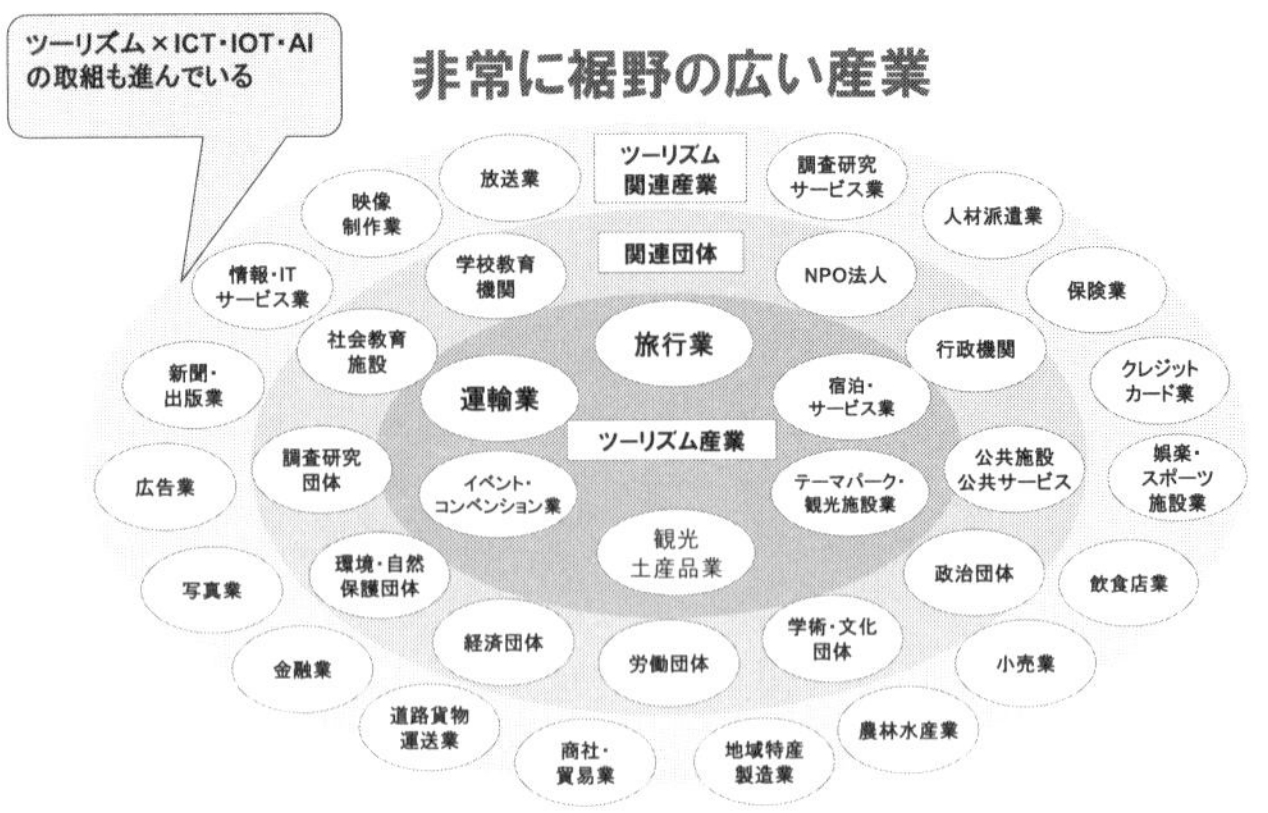

出所：JTB

国内総生産の5％相当を占める規模です。

観光産業の雇用創出効果を見てみると、2015年の雇用者数は440万人、総就業者数6376万人のうちの6・9％にも上ります。一方、製造業の雇用者数は1045万人（2016年）と大きな数字を示していますが、減少傾向にあります。

インバウンドに限って見ても、2016年の訪日外国人旅行者数は2404万人、その旅行消費額は3兆7476億円に達し、それぞれこの3年で2倍以上、3倍以上と大きく増加しています。輸出額でみれば、半導体電子部品や自動車部品を上回り、自動車、化学製品に次いで三番目に位置する規模となりました。

そして、ツーリズム産業は、本当に裾野が広い産業です。

昔は旅行業や運輸業や宿泊業、テーマパークなどの施設業などだけが観光産業といわれたのですが、いまは食を含めた農林水産業、学術やスポーツ、メディカルやヘルス産業も関連し、ＩＣＴ（Information and Communication Technology：情報通信技術）、ＩｏＴ（Internet of Things：モノのインターネット）、ＡＩ（Artificial Intelligence：人工知能）等のテクノロジーの進化により、さらにその裾野の範囲が広がっています。

日本政府も、観光は「地方創生」の切り札であるとともに、ＧＤＰ６００兆円達成に向けた成長戦略の柱と認識しています。

「訪日外国人旅行者数を２０２０年に４０００万人、訪日外国人旅行消費額を２０２０年に8兆円とするなどの新たな目標に向け、こうした流れをさらに加速し、観光をわが国の基幹産業へと成長させる」と、「日本再興戦略２０１６―第４次産業革命に向けて―」に明確に指針を打ち出しています。

世界における観光の経済波及効果はどうでしょう。

ＵＮＷＴＯ（国連世界観光機関）の「Tourism Highlights（2016）」によると、２０１５年の国際観光収入は１兆２６００億ドル（１３８兆６０００億円）と試算されています。また、世界における観光産業の経済波及効果は７・６兆ドル（８３６兆円）とされ、世界のＧＤＰの実に1割を占めています（1ドル110円で計算）。

また、雇用創出効果も同等で、約2億7685職、世界全体の9・4%の雇用を生み出しているという巨大な産業です。仮に、日本が世界と同等レベルの比率まで上げるとしたら、旅行消費額はいまの倍に、そしてまだ200万人以上の雇用を生み出すポテンシャルがあるということができます。

何といっても、ツーリズム産業の社会的インパクトがある効果は、雇用人口の多さです。機械化、ロボット化、IT化が進む中で、人手に頼らなくなった工場と違い、ツーリズムは全部人が関係してきます。

したがって、雇用創出力が一番あるのはツーリズム関連産業でしょう。産業構造の変化と人口減少が起きるこの日本の中で、実に大事なテーマなのではないかと思います。

⦿旅行産業の変革の波

旅行業界を取り巻く環境も激変しています。ここで高度成長期から現在へ続く、日本の旅行産業の変化を見ていきましょう。

日本が初めてのオリンピックを開催した1964年、東海道新幹線が開業し、観光目的の海外渡航はようやく自由化されました。

図表8　旅行業のビジネスモデルの変遷

	～60年代	70年代	80年代	90年代	00年代	10年代～
TOPICS	海外渡航自由化	大阪万博 対米ドル変動為替相場へ 成田空港開港	プラザ合意 国鉄分割民営化	湾岸戦争 地下鉄サリン 阪神大震災	SARS 米国同時多発テロ リーマンショック	東日本大震災
経済状態	高度経済成長期	安定成長期	成長期～バブル	バブル崩壊と平成不況	戦後最長の好況 リーマンショックによる景気低迷	新興国の経済成長 急激な円高による輸出企業への影響
旅行業のビジネスモデル	Ticket Agent （交通・宿泊券代売）	Travel Agent （旅行販売）			Lifestyle Partner （顧客のライフスタイル全般をサポート）	
旅行関連の主な動き	パッケージ商品発売開始 （ルック、エース、サンライズ） ディスカバージャパンCPN 64年 海外渡航自由化 東海道新幹線開業	ジャンボジェット導入等による海外旅行の急速拡大	メディア販売本格化 円高が海外旅行を後押し	格安ツアー 格安航空券 旅行者のFIT化進展	観光庁設立 IT企業による旅行業への参入 インターネット旅行販売の普及	観光が国の成長戦略へ 旅行各社による構造改革の開始

出所：JTB

同年4月に観光目的の渡航でも年に一度５００ドルまでの外貨持ち出しが認められるようになり、のちに外貨持出制限額は１９６９年に７００ドル、１９７１年６月には３０００ドルと段階的に緩和され、１９７２年11月には制限がなくなりました。

航空会社である日本航空も１９６５年に海外旅行商品のジャルパックを発売しましたが、海外旅行はまだ非常に高額な商品であり、この時代一種のステータスでもありました。

この間、国民所得が増加すると同時に海外旅行商品の低廉化も進んだことなどから、１９６９年には、観光旅行者数が業務渡航者数を上回っています。

１ドル３６０円の固定相場がようやく変動為替相場になったのは１９７３年です。

しかし、45年前まで、円の相対的価値はまだ低く、日本の海外旅行はまだ不自由な環境下といえたでしょう。

2008年、私はテレビ東京のビジネス情報番組「カンブリア宮殿」に出演する機会があったのですが、いまほど海外旅行は自由ではなかったというお話をしたところ、司会進行の小池栄子さんにたいへん驚かれた記憶があります。若い世代は、このような時代があったことさえ認識していないかもしれません。

高度成長期から安定成長期にかけて、富裕層だけでなく中間所得層に旅行ブームが起きてきます。1970年にボーイング社によるジャンボジェット機が導入され、航空機の大量輸送時代が始まりました。

同年3月11日、パンアメリカン航空のボーイング747型機が定期便1番機として東京国際空港（羽田空港）に就航し、7月1日には、日本航空とノースウエスト航空も太平洋線の定期便としてボーイング747型機の運航を開始。

国内の羽田－札幌、福岡というドル箱路線に導入されたほか、座席数の増加と運賃制度の改定が、従来の海外旅行商品の低価格化を後押ししました。

それまでの平均的な飛行機の3倍近い座席数をもつボーイング747型機が就航する前年の1969年、最低40人を単位にパッケージされた旅行に限り、個人普通運賃の60％という、従来では考えられなかった大幅な割引を実現するバルク運賃が誕生しました。

代理店販売手数料をともなわない買い取り制の運賃をベースに、旅行会社は現地の宿泊や交通機関、観光などを組み込んで旅行商品を販売することになったのです。

これは旅行業者にとってビジネスモデルの大きな革新でした。パッケージツアー商品などの低価格化が進み、海外旅行需要も飛躍的に拡大していくことになります。

私たちＪＴＢも、１９６８年にルックというブランド名で海外企画旅行を、71年にエースというブランド名で国内企画旅行を大いに売り出しました。

そのほかに、１９６４年の東京オリンピックから１９７０年の大阪万国博覧会へと続く国民的な大イベントは、庶民の間に国内旅行ブームを巻き起こしていきました。

80年代の円高とバブル景気はさらに海外旅行の需要を押し上げますが、１９８０年に一時的に海外旅行客が初めて減少します。

旅に慣れてきたのか、それまでの団体旅行から、個人のニーズに合わせた旅行を望むようになってきました。日本の旅行者にも意識の変化が起き始めたわけです。

そのような中、新聞や雑誌などの紙媒体メディアを使った募集型の企画旅行のツアーが受け入れられるようになり、マスマーケティングの手法が広く展開されるようになりました。

この時代からクラブツーリズムや阪急交通社などは、メディア販売によって大きく事業を伸ばしたといえるでしょう。

90年代になると、格安航空券を販売するベンチャーの旅行会社が登場し始めます。

90年代初頭のバブル崩壊以降、日本は失われた10年、20年とまでいわれ、長期景気低迷期ではありましたが、長く続いた円高が海外旅行ブームをより後押ししていきました。

また、2000年代はITの進化にともなうインターネットによる旅行販売が、ビジネスモデルに急激な変革をもたらします。

OTA（Online Travel Agency）の台頭により、予約サイトから宿泊施設を一覧し、写真や宿泊金額、口コミをもとに宿を選び手配するという行動はもはや当たり前になっています。

そのことで、従来の旅行会社とは違う業種からの参入が相次ぎました。特に、IT企業や情報産業などからの参入が目立ちます。

2010年代に入ってその動きはますます拡大し、スマートフォンの急速な普及もあり、2015年には旅行会社全体のオンライン販売額は2兆3611億円と、2011年度の9895億円に比べて、わずか4年で2倍以上にまで成長しています。

日本市場では楽天トラベル、じゃらんnet（リクルート）の2社のほかに、私たちJTBも11年から16年の間にi.JTBの販売額が約900億円増（2016年度売上約1979億円）と

図表9　ツーリズム産業を取り巻くマクロ環境

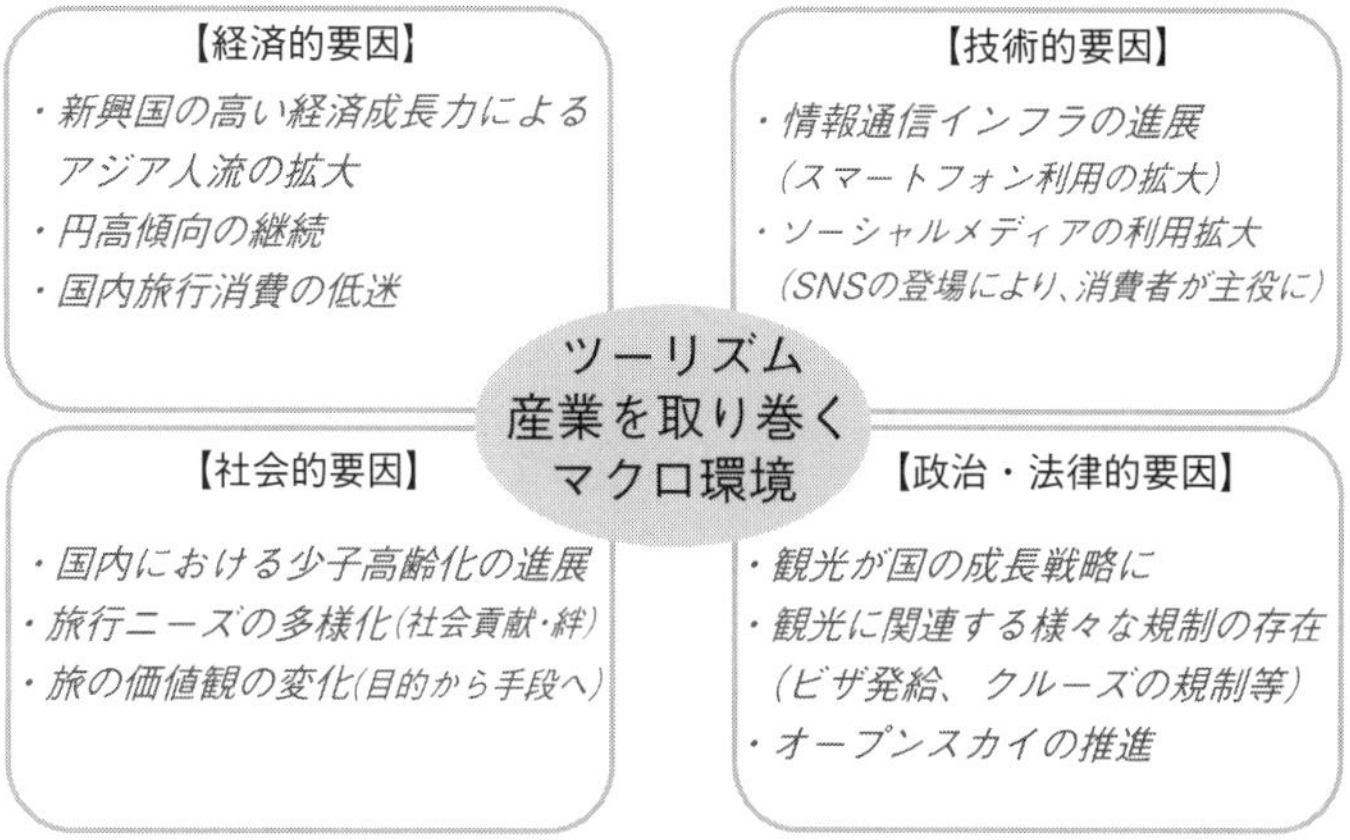
ツーリズム産業を取り巻くマクロ環境
【経済的要因】
・新興国の高い経済成長力によるアジア人流の拡大
・円高傾向の継続
・国内旅行消費の低迷
【技術的要因】
・情報通信インフラの進展（スマートフォン利用の拡大）
・ソーシャルメディアの利用拡大（SNSの登場により、消費者が主役に）
【社会的要因】
・国内における少子高齢化の進展
・旅行ニーズの多様化（社会貢献・絆）
・旅の価値観の変化（目的から手段へ）
【政治・法律的要因】
・観光が国の成長戦略に
・観光に関連する様々な規制の存在（ビザ発給、クルーズの規制等）
・オープンスカイの推進

出所：JTB

猛追しています。ＯＴＡに加えて、航空会社、鉄道会社も交通と宿泊をセットにしたダイナミックパッケージのインターネット販売に乗り出しています。

また、２００７年に政府が観光立国推進基本法を施行し、観光振興を明確に打ち出して成長戦略として推進し、翌年に観光庁を設立しました。

それ以来、インバウンドのお客様は目覚ましく増加しました。政府が閣議決定し、２０１６年に打ち出した「日本再興戦略２０１６」において、観光は、「地方創生」への切り札であり、ＧＤＰ６００兆円達成に向けた成長戦略の柱であることから、観光がもつ広範な経済波及効果を念頭に、「インバウンド」と「国内観光」の両輪による観光振興を図るとともに、特定の地域に集中している国内外の旅行者を全国各地に分散・拡大させていく方針を明確にしています。

従来の観光政策に比べて目標を大幅に引き上げるとともに、新たな目標を追加し、観光立国の実現に向けた取り組みを総合的・戦略的に進め、観光を我が国の基幹産業へと成長させるというビジョンを打ち出しました。

具体的な目標数値は次のとおりです。

- 訪日外国人旅行者数：2020年4000万人、2030年6000万人
- 訪日外国人旅行消費額：2020年8兆円、2030年15兆円
- 地方部での外国人延べ宿泊者数：2020年7000万人泊、2030年1億3000万人泊
- 外国人リピーター数：2020年2400万人、2030年3600万人
- 日本人国内旅行消費額：2020年21兆円、2030年22兆円

ブッキングドットコム、エクスペディアなどの海外のOTAサイトも続々と日本を「最優先市場」と位置づけ、販売強化に乗り出しています。

このように、50年の間を俯瞰しただけでも、旅行業が大きな変化にたびたびさらされ、その変化の波がより大きくなってきたことがおわかりになるでしょう。

規制緩和と技術革新は市場を大きく開放しますが、それだけに既存の業者は変化をいち早く予知し、状況をコントロールし、乗り越えなくてはなりません。

激しい価格競争下でパイの食い合いに巻き込まれずに利益を生み出していくには、付加価値のある魅力的な商品の存在をお客様に的確に知ってもらい、ニーズを掘り起こしながら選択してもらわなくてはならず、これまでの何倍も知恵を絞らなくてはいけません。

新しい「仕掛け」や新しい「切り口」により、新しいマーケットを創造し、需要を生み出すことが求められています。

日本・アジア・欧米豪　それぞれの訪日旅行客の傾向

◉この3年で倍増したインバウンド

では、日本から海外へ行く旅行客、海外から日本を訪れる旅行客の波はどのように変遷したのか、具体的に見ていきましょう。

日本へ入国するインバウンドの旅行客と、海外へ出国するアウトバウンドの旅行客の合計数

図表10　日本人海外旅行者数と訪日外国人旅行者数の推移

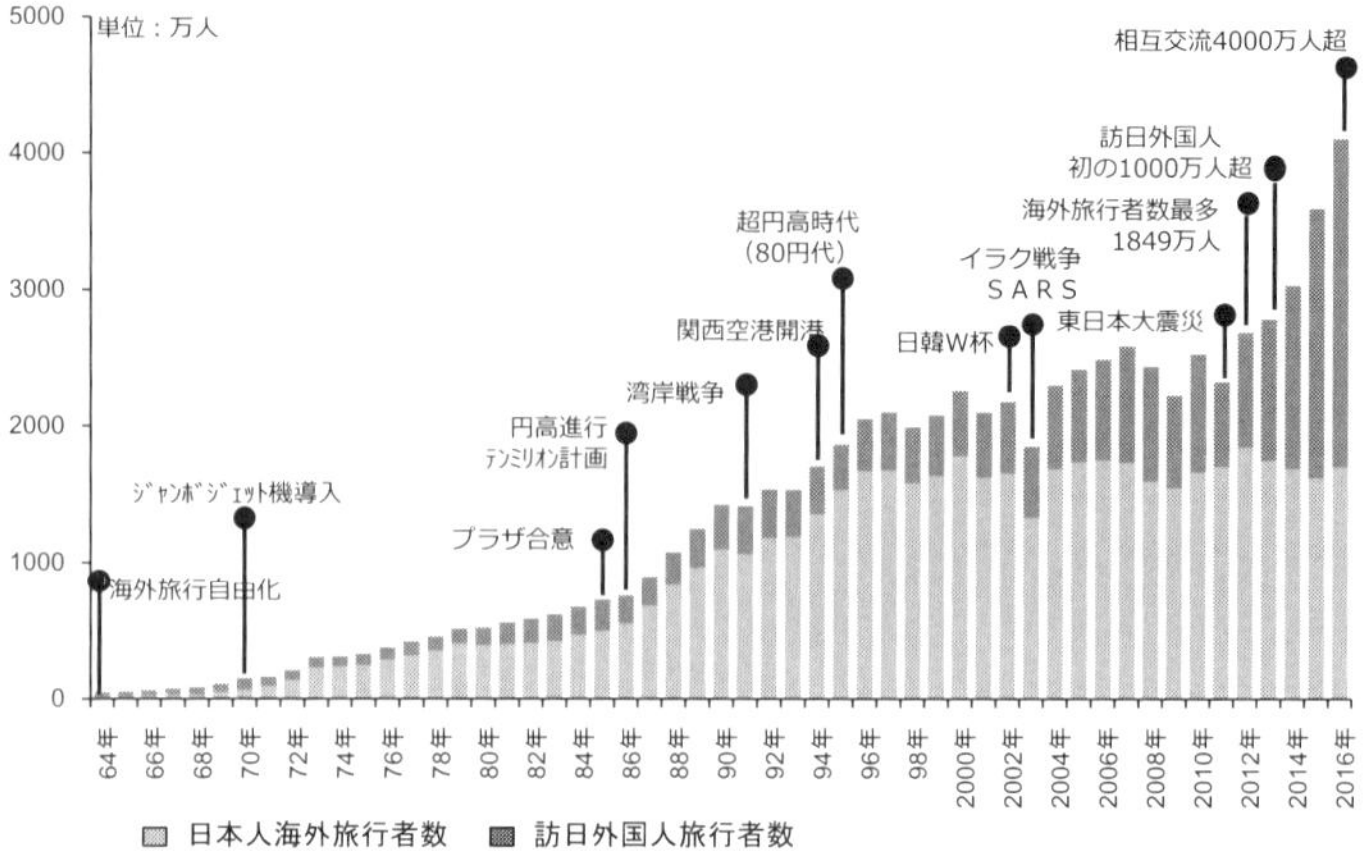

出所：法務省、日本政府観光局（JNTO）

は、２０１６年に４１１６万人という大きな数字となりました。アウトバウンドは２０１２年の１８４９万人をピークに１６００～１７００万人台へ横ばい傾向です。

しかし、インバウンドの数は、２０１３年に１０００万人を超えてからは急激にその数値を伸ばしています。この3年間の伸び数は約１３６８万人と、倍以上伸ばしたわけです。

正直、それまでの日本は外国人観光客が来ても来なくても無関心であったのではないでしょうか。

それでは、訪日外国人旅行者の中身について見てみましょう。

２０１６年は、日本への旅行客はアジアから来る人が約84%を占めており、偏りがあります。

図表11　訪日外客数のシェアの比較　2015/2016

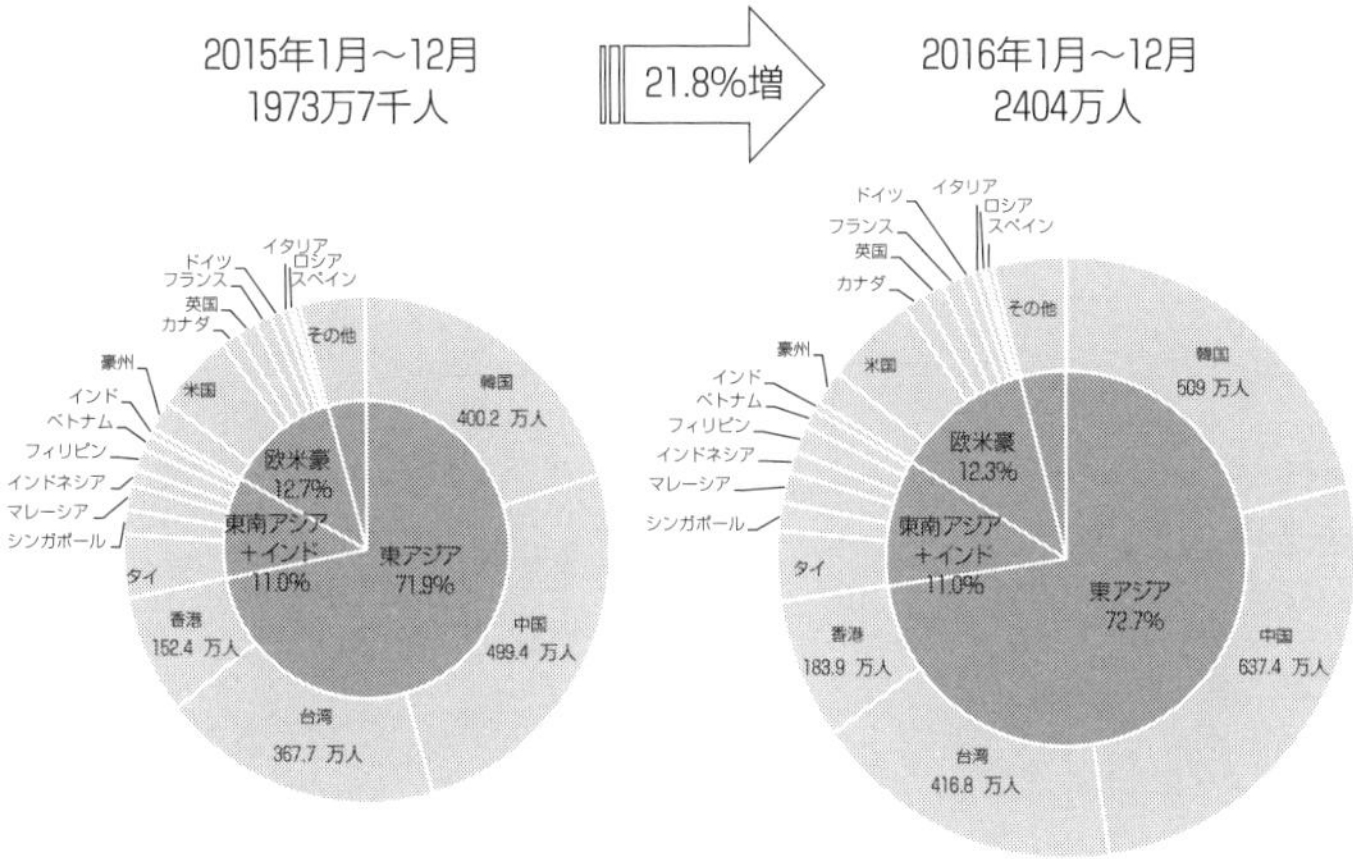

出所：日本政府観光局（JNTO）

この84%のうち、中国・韓国・台湾・香港の４地域が85%です。トップの中国からが６３７万人、韓国が５０９万人、台湾４１７万人、香港が１８４万人です。残りの16%が欧米その他の地域からです。一番多いのはアメリカから１２４万人という状況です。

インバウンド急増の要因は２つあります。ひとつはビザの解禁です。日本の外務省は、２０１５年１月、２０１６年１月の二度にわたり、日中間の人的交流を拡大するために、政府の観光立国推進や地方創生の取り組みに向けて、中国人に対する数次ビザについて、徐々に発給要件を緩和しました。

これにより、中国人観光客は２０１５年に急増しました。２０１４年はフィリピン、インドネシア、ベトナム、インド、ミャンマーでビザの滞在期間が緩和されました。

2016年はインド、ベトナムで再度条件が緩和されています。特に、インドネシアは人口2億5500万人です。そのうち富裕層は10％くらいと見込まれます。富裕層のうち10％から15％の2000～3000万人に日本へ来ていただくことで大きな経済効果が期待できます。

もうひとつがアジアの経済成長です。産業革命でモノづくりの工場がイギリスからアメリカに移り、第二次大戦後は日本が製造業の発展によって経済大国になりました。

1980年代以降、その波は中国へと移動し、世界の一大生産拠点へと成長しました。円高から円安になったことは、そのプロセスの中のひとつです。そして、それがいまASEAN諸国に移っています。これも訪日客の伸長に関係しています。

◉日本人の海外旅行（アウトバウンド）は安定的なマーケットに

実はそれ以前も、1970年代の初頭は万博の年で、海外旅行よりもインバウンドのほうが多かったのです。

私がJTBに入社した1971年は、まだ100万人も海外に行っていませんでした。1980年に私が参加したプロジェクトで、600万人という数字を目標に掲げたら、上司から「何をバカなことを。日本からなんて300万人も行くかどうか」といわれる時代でした。

図表12　海外旅行者数の推移

年	日本人出国者数	伸び率％
1964	127,749	27.7
1965	158,827	24.3
1966	212,409	33.7
1967	267,538	26.0
1968	343,542	28.4
1969	492,880	43.5
1970	663,467	34.6
1971	961,135	44.9
1972	1,392,045	44.8
1973	2,288,966	49.3
1974	2,335,530	2.0
1975	2,466,326	5.6
1976	2,852,584	15.7
1977	3,151,431	10.5
1978	3,525,110	11.9
1979	4,038,298	14.6
1980	3,909,333	−3.2
1981	4,006,388	2.5
1982	4,086,138	2.0
1983	4,232,246	3.6
1984	4,658,833	10.1
1985	4,948,366	6.2
1986	5,516,193	11.5
1987	6,829,338	23.8
1988	8,426,867	23.4
1989	9,662,752	14.7
1990	10,997,431	13.8
1991	10,633,777	−3.3
1992	11,790,699	10.9
1993	11,933,620	1.2
1994	13,578,934	13.8
1995	15,298,125	12.7
1996	16,694,769	9.1
1997	16,802,750	0.6
1998	15,806,218	−5.9
1999	16,357,572	3.5
2000	17,818,590	8.9
2001	16,215,657	−9.0
2002	16,522,804	1.9
2003	13,296,330	−19.5
2004	16,831,112	26.6
2005	17,403,565	3.4
2006	17,534,565	0.8
2007	17,294,935	−1.4
2008	15,987,250	−7.6
2009	15,445,684	−3.4
2010	16,637,224	7.7
2011	16,994,200	2.1
2012	18,490,657	8.8
2013	17,472,748	−5.5
2014	16,903,388	−3.3
2015	16,213,789	−4.1
2016	17,116,420	5.6

出所：法務省

まだ海外渡航にはビザが必要だったからです。

１９９０年に、ようやくアメリカ渡航のビザがなくなり、機内でＩ－94という申請用紙に書けばいいことになりました。それでハワイや西海岸への旅行客が一気に増え、90年代にアウトバウンドは１０００万人を超えました。それから１９９

7年まで毎年増えていきました。

２００１年は同時多発テロ、２００３年はＳＡＲＳ、イラク戦争で断続的に減少しました。２０１１年には、東日本大震災の影響で低下が懸念されましたが好調を維持し、２０１２年には過去最大の１８４９万人となりました。しかし、それ以降緩やかに低下傾向です。

いまは中国・韓国旅行が減少気味で、ビジネス目的の人を含め１６００～１７００万人台に落ち着いています。海外旅行には行くものの、必ずしも毎年海外へ行くとは限らない人たちが２００～３００万人ほどいるのですが、この層は景気の動向や円安、政治的な緊張が起こると海外に行かなくなる人々です。


しかし、１６００万人は何があっても海外に行きたい人たちであると私たちは見ています。たとえば、ヨーロッパでテロの問題があったとしても、海外旅行好きの人はそれならヨーロッパに行かずオセアニアにしようか、それともアメリカかカナダにしようかな、となります。

一度その楽しさを味わったら行かずにはいられないものなのです。ＪＡＴＡ（日本旅行業協会）は、２０２０年までに２０００万人という目標数値を掲げ、その達成に向けた需要喚起と拡大策を図っています。

⦿インバウンドのさらなる拡大に必要な条件

政府は訪日外国人旅行者数を2020年に4000万人、2030年に6000万人に伸ばすという大きなビジョンを掲げています。

そこで、インバウンド客のバランスとして、6000万人になったときに、いまと同じように5000万人がアジア人で1000万人が欧米豪という比率でしょうか。私はそうはならないと思います。

少なくとも6対4とか7対3くらいのバランスにならないと、今後の展望は望めません。

富裕層の旅行客を増やすという意味でも、欧州やアメリカ、オセアニアからの誘致努力を強化するべきです。

一番の障害は航空運賃だと思います。

そのためにはLCCやチャーターを活用する方向でビジネスを考えるべきでしょう。

また、日本だけに来てもらう必要があるのでしょうか。

日本人が以前欧州旅行するときは、ロンドン・パリ・ローマと周遊するコースが人気でした。

この周遊コースは私たち旅行会社が企画したのが発祥ですが、なぜ北京・ソウル・東京というツアーはないのでしょうか。

欧州から見ると北京とソウル、東京はシルクロードの延長線上に見えています。でも、そういうツアーをつくることを日中韓のどこもしていないのです。

今後は日中韓3カ国の観光大臣が集まって、欧米の観光客をこの3都市に誘致し、観光を楽しんでもらえるようプロモーションすべきです。

この連係プレーが究極の広域連携だと考えます。日本国内の広域連携では物足りません。欧米から見れば、北京もソウルも東京も距離的には大差ないでしょう。

旅行会社がロンドン・パリ・ローマツアーを企画した背景には、この3都市を見ればヨーロッパの文化や歴史のあらましが見て取れるからです。

その価値をマスコミに周知させながら普及してきました。いったん定着すると、さらに他の地域にも関心が向きます。イタリア周遊したりフランス周遊したり、イギリスでもロンドンだけでなく次は湖水地方に行ってみたい、ドイツのロマンチック街道から次はオーストリアやチェコに行きたいと、どんどん地域が広がります。

それに比較して、まだ欧米の訪日客は日本の多様性を知っていません。特に、バックパッカーとして日本に来ている訪日客が多く、本当のハイエンド・ツアーは少ないのが現状です。そういう人は日本には行かず、シンガポールやタイに行きます。

日本は自然豊かで四季折々の風景がすばらしく、人間味も文化も豊かな国なのに、なぜ来ないのかというと、「何を見ればいいのかわからない」と彼らはいうのです。

欧米人でも、マルコ・ポーロの『東方見聞録』を読むなどよく勉強し、日本はシルクロードの最終地点だと知っている人はバックパッカーのような旅行客が多いといえます。

しかし、欧米に日本観光の魅力を伝えられる、絶好のチャンスが到来します。

2019年のラグビーワールドカップと翌2020年の東京オリンピック・パラリンピックです。それをきっかけに日本を見て、日本の良さに気づいてもらえれば、オリンピック・パラリンピック後も観光に来てもらえると、私たちも大きな期待を寄せています。

日本政府観光局の役割が本当に発揮されるかどうかが、ここで問われます。これからの努力の成果がどう表れるかが、2030年ビジョンの6000万人達成を決定づける試金石となります。

⦿日本人の国内旅行の冷え込み

逆に、停滞が危ぶまれるのは国内旅行です。いまや韓国に行くより沖縄や北海道に行くほうが高いほどですから、日本人の国内での消費の冷え込みが気になります。

図表13　国内延べ宿泊者数と宿泊旅行消費額

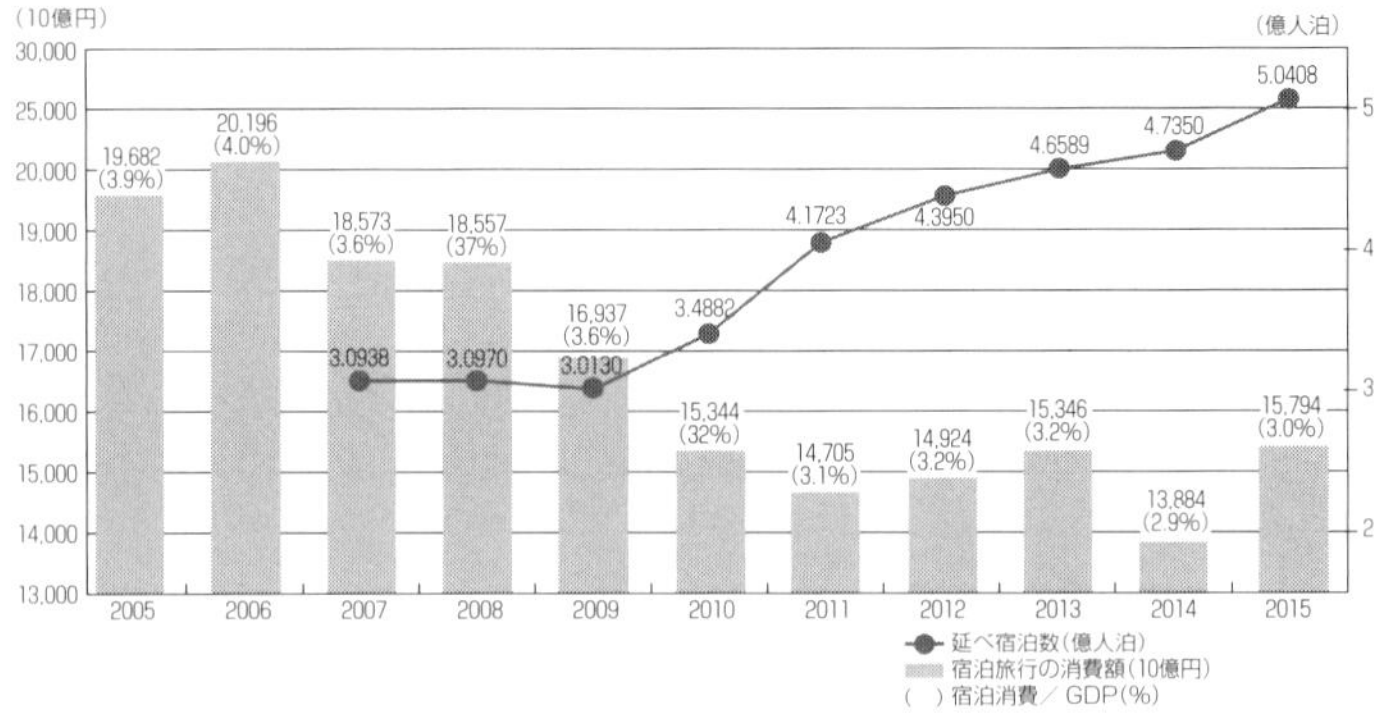

出所：観光庁

観光庁の「旅行・観光消費動向調査」によると、国内旅行の宿泊旅行消費額は２００６年の20兆１９６０億円をピークに、２０１１年は14兆７０００億円と減少傾向をたどってきました。

２０１５年は15兆７９４０億円と緩やかな増加となっています。年間宿泊数は、統計を取り始めた２００７年に３億９３８万人だったのが、２０１５年は５億４０８万人へと増大していますが、これは訪日外国人を含めた数字です。

しかし、旅行人数や宿泊数が増えても、旅行消費額の増加がなければ、マーケットとしての成長とはいえず、今後の対策が必要になっています。

その方法として、インバウンドの取り組み強化と連携し、地域活性化の観点をもって国内旅行の魅力度アップを図り、需要の増大をめざすことも大切です。

富裕層・中間層・若者・シニア層――多様性への対応

◉欧米豪諸国からの来訪をいかに増やすか

「日本再興戦略2016」では、欧米豪や富裕層をターゲットとして、旅行先としての日本のブランドイメージを確立することを狙っています。

欧米豪の有力なオピニオンリーダーの方々に特別な日本体験をしてもらい、その映像を海外のキー局で強力に発信するほか、海外の有力雑誌等のメディアや富裕層向け旅行商品を扱う海外の旅行会社を日本各地に年間100人招請し、ストーリー性のある日本の伝統・文化を発信するとともに、ターゲットに訴求する日本向けツアーの造成を促進する、という案を打ち出しています。

2016年10月、米国の富裕層向け旅行雑誌「Condé Nast Traveler（コンデ・ナスト・トラベラー）」（米国版）が行った読者投票ランキング「Readers' Choice Awards」における、世界で最も魅力的な都市を決める「Best Cities in the World」のランキングにおいて、米国を除く世界各都市のランキングで、初めて東京が第1位（前年15位）、さらに京都が第2位（同

9位）に選ばれました。

世界の富裕層から、今後日本への注目度の上昇が期待できます。

日本では団塊の世代がいま60代後半となり、金銭的にも体力的にも、旅行市場を支える存在として、現在がピークだと思います。このピークはあと10年もないので、次の世代の人々に何を喚起していくかが問われています。

少子高齢化の時代を迎え、国内マーケットの縮小が避けられない中、若者が内向き志向になり、旅への欲求が薄くなっていることも気になる問題です。だからこそインバウンドの拡大は、日本のツーリズム産業にとって重要なのです。

かつての日本がそうであったように、各国のアウトバウンド市場はまずビジネス客から始まり、レジャー市場に移行します。その際、最初の人々の多くは富裕層であり、その国の経済が成長する過程でレジャーのアウトバウンドは大衆化していきます。その意味では、いわゆるアウトバウンド後進国のアジア諸国は経済成長の過程で、これからアウトバウンドの大衆化が進んでいくと思われます。

したがって、日本のインバウンドを考えるとき、まず必要なのが15％しか来ていない欧米豪諸国からの来訪をいかに増やすかということになります。そのキーワードは、「富裕層（旅行に多くのお金を消費する層）誘致戦略」であり、この層を呼び込む戦略の具体的な実践が求められています。

いま日本で展開されている各地域のＤＭＯ（Destination Marketing/Management Organization：詳しくは51頁以降参照）の活躍に期待したいと思います。

◉単なる観光旅行が目的ではない「ツーリズム」の時代へ

日本を取り巻く内外のツーリズムの状況をデータから見てきました。これらのデータが示した課題のほかにも、ツーリズム産業は、中長期的に向き合わなくてはならない課題が目の前に控えています。

データから見えるとおり、国や地域、世代、性別、所得差によって細分化したマーケットへの多面的な対応、少子高齢化時代を迎え縮小するマーケットのテコ入れ、複雑化した社会情勢やデジタルデバイスの進化への対応など、経営の舵取りはますます難しい時代となっています。

異分野からの参入も相次ぎ、競争は激化しています。しかし、それでもツーリズム産業は、アイデアときめ細かな対応次第で、成長することが確実な分野だといえます。

これらの課題と提示したデータを踏まえたうえで、私の経験と経営者としての立場からお話ししていきましょう。

図表14　中長期的な社会構造変化への対応

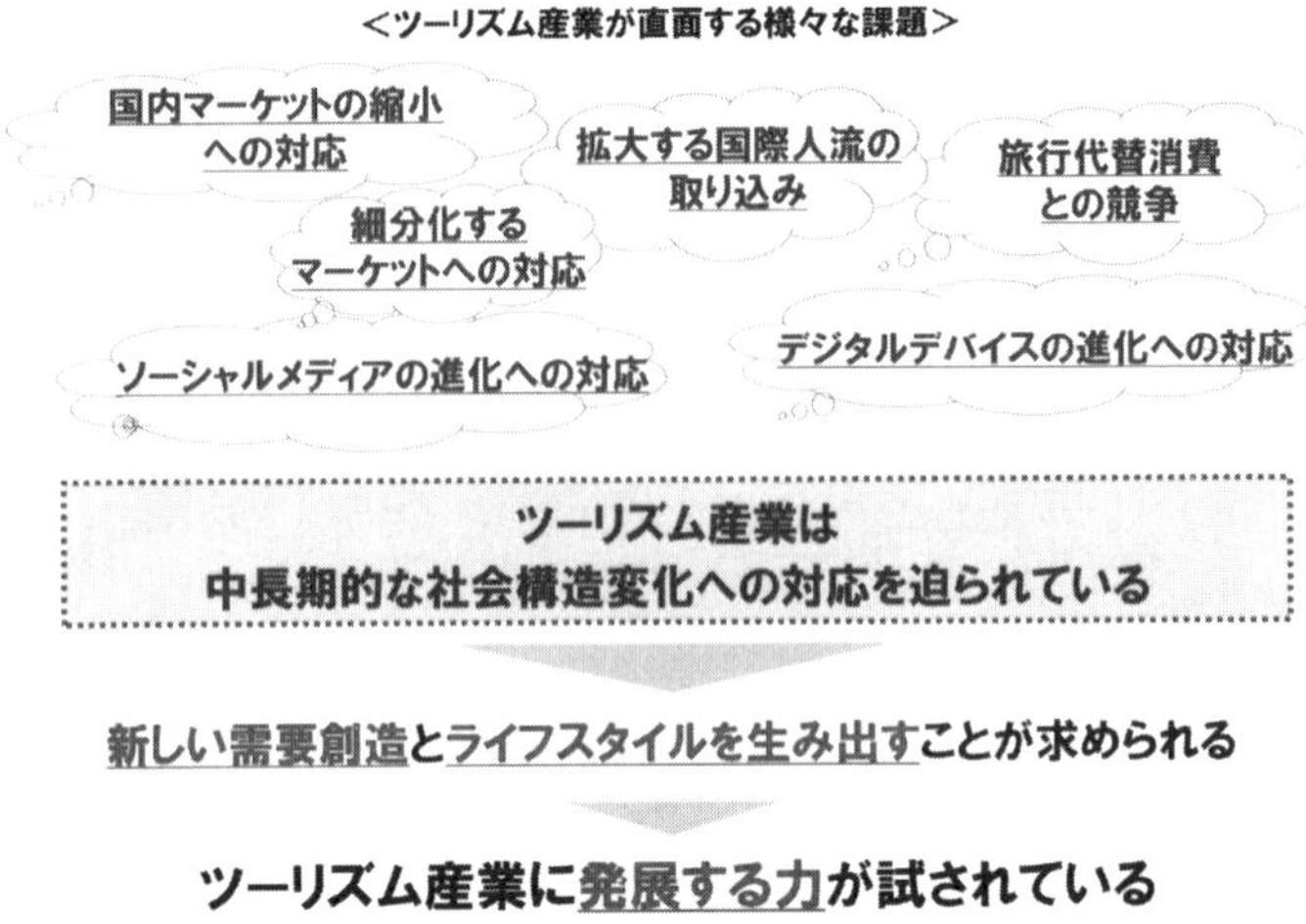
<ツーリズム産業が直面する様々な課題>
国内マーケットの縮小への対応
拡大する国際人流の取り込み
旅行代替消費との競争
細分化するマーケットへの対応
ソーシャルメディアの進化への対応
デジタルデバイスの進化への対応
ツーリズム産業は
中長期的な社会構造変化への対応を迫られている
新しい需要創造とライフスタイルを生み出すことが求められる
ツーリズム産業に発展する力が試されている

出所：JTB

私は、１９９８年に米国法人の取締役企画部長、１９９９年に取締役副社長を経て、２０００年６月に帰国後本社取締役になり、これからの旅行産業をけん引するために何が必要か、グループ全体の経営を考える立場となりました。

そのとき、２つのキーワードが頭に浮かびました。ひとつは、「マーケットへの正対」です。目の前の市場で何が起きているか、きちんと向き合って実態を把握したうえで、お客様がより満足し、より感動する商品を生み、市場を開拓していくことです。そのためにＪＴＢは地域別・機能別分社化の道を取り、高度化・多様化するマーケットへの対応と、地域経済の活性化に寄与することが使命だと考えるに至りました。

もうひとつは、「ビジネスモデルの変革」です。これまで説明したとおり、21世紀を迎えて以来、旅行業界も世界情勢の変化や情報技術革新という変化にさらされています。

消費者の意識や行動も変わり、昔は憧れのハワイに行ってみたい、仕事で疲れたから温泉でのんびりしたい、会社で団体慰安旅行に行ってくるなどのニーズがメインでしたが、このような「旅行すること」自体が目的という時代が変わりつつあります。

それよりも、スキー、ダイビングなどのアクティビティや、自然や文化体験、グルメ体験、震災以降はボランティア活動を兼ねた旅など、はっきりした目的意識をもった旅行者が増えています。自分の趣味嗜好やライフスタイルという目的をかなえる手段が旅行、というわけです。

旅行産業も、コンシェルジュ機能中心のあっせん業ではなく、企業としての未来図と哲学をもちながら、事業ドメインを進化させなければなりません。

そこで、「旅行事業からあらゆる交流の創造に貢献する交流文化事業に進化する」というビジョンを私たちは掲げました。そのために、私たちがビジネスパートナーとして、会社やお客様の課題を解決するためのソリューションを提供できる存在になるべきだと考えたのです。

2008年に社長になったときに、それをさらに進化させ、私は既述の「交流文化事業」という概念を打ち出しました。

これからの旅には、５つの力があると私は思います。①交流、②文化、③教育、④健康、⑤経済です。これら５つがそれぞれ何を表すのかは、第２章、第３章で詳しく見ていきたいと思いますが、まず交流文化の意味をざっと説明しましょう。

交流とは、物理的な移動によって人が動き、その場で人や文化、習俗が混じり合っていくことです。そこにさまざまな人間同士の会話やコミュニケーションが生まれ、知識・情報・技術のやり取りによる異文化体験と同時に、摩擦が生まれることもあります。

摩擦は驚きや痛みをともないますが、それを乗り越え理解し合うことも人間の成長や感動、ものごとの革新につながります。それが文化の伝播であり、融合であると考えられます。

その文化を事業として、どうやってビジネスモデル化していくか。皆さんが考える旅行業とは全く違う概念への挑戦になります。

ＪＴＢグループは、「地球を舞台にあらゆる交流を創造する」ことを旗印に掲げています。観光という概念を超えて、旅を通じてこれからどのようなことが起きるのか、次章から多角的、具体的に見ていきましょう。

第2章

「観光先進国」に向けて何をすべきか

無限の可能性を秘めた日本の観光資源

◉日本政府の観光庁発足がもたらしたもの

近年の日本の観光政策のハイライトを振り返ってみると、まず挙げられるのが、観光立国推進基本法が2007年に施行されたことです。

これまで長い間、観光立国の基本法はあったのですが、あくまで理念法だったわけです。理念法というのは、「こうありたい」という方向性を示すにとどまる法律です。観光基本法が発布したのは1963年です。

しかし、推進法が成立するのに、それから延々と50年近く時間がかかりました。推進法には具体的にどう推進するのかが書かれています。

それを実現するために、2008年に観光庁ができました。

「日本の観光立国の実現に向けて、魅力ある観光地の形成、国際観光の振興その他の観光に関する事務を行うことを任務とする」ことを目的に発足したものです。それによって観光への意識が大いに高まり、政策実現の組織が誕生し推進体制ができました。

実際、観光庁の発足にともない、いまの日本観光振興協会、日本旅行業協会、JNTO（日本政府観光局）という業界団体がまとまりやすくなったことは事実です。


しかし、これは最初の扉です。

私たちは、本当は観光省になってほしいという要望をもっています。2015年にはスポーツ庁ができました。

世界的に見れば先進国や東南アジアの国々ではスポーツ文化観光省になっています。韓国もそうです。だいたいスポーツと文化、特に文化と観光は、同じ省が所管しているところが多く、スポーツツーリズムやカルチャーツーリズムという言葉があるように、ツーリズムはさまざまな物事とかかわりがあります。

観光庁ができたことでこれを機にどう発展させるかが問われています。「明日の日本を支える観光ビジョン」は政府主導で策定されました。

観光庁の課題からいえば、国土交通省の所管である運輸業、旅行業、観光施設業など、コアな業種の業界団体がツーリズムを担っているのですが、本来ツーリズムの概念は広いものです。

エコツーリズムやショッピングツーリズム、メディカルツーリズム、アグリカルチャーツーリズムと、いろんな言葉がツーリズムの後ろにつくと幅が広がります。

そういう意味では、国土交通省のみならず、経済産業省、農林水産省、環境省、厚生労働省、文部科学省などとも連携し、観光政策を推進する役割が期待されます。

⦿東京オリンピック・パラリンピックは2020年ビジョン実現のマイルストーン

今回のビジョンに掲げるテーマの中で、たとえば「国立公園の改革」においての所管は環境省です。国土交通省、観光庁を越えた省庁連携はいちばん大きなテーマだと思います。

2020年の東京オリンピック・パラリンピックへ向けて、まさに省庁連携の妙が発揮されるか否かが問われています。

近代オリンピック憲章はスポーツと文化が謳われています。

クーベルタン男爵はオリンピズムが求めるものとして、「文化や教育とスポーツを一体にし、努力のうちに見出される喜び、よい手本となる教育的価値、普遍的・基本的・倫理的諸原則の尊重などをもとにした生き方の創造」と定義しました。

前回の東京オリンピックは文化の祭典を実施し、日本の伝統的な芸術文化を紹介する展覧会や芸術祭をしていました。こういうかたちで文化と伝統が普及することは、1928年のアムステルダムオリンピック以来です。

その後1948年に開催した二度目のロンドンオリンピックで花開き、2012年のロンドンオリンピックでも成功を収めました。この大会開催時、開催地決定から開催までの4年間で17万7000件の文化・スポーツプログラムを実施したということです。

そこで世界にイギリスの文化を伝えました。マラソンコースもロンドン市内の名所を2周半めぐるようにしました。「いまバッキンガム宮殿の前を通過しました」「ビッグベンの横を通りました」とテレビ中継がロンドン市内の地図を見せながらアナウンスするのですから、その宣伝効果は絶大です。

しかし、オリンピック前の4年間、ロンドンは宣伝を一切しなかったそうです。それよりも湖水地方やエジンバラ、ウェールズ、北アイルランドなどイギリス全体を宣伝していました。これを見習うべきだと私は思います。

2012年に東京と仙台で開いたWTTC世界大会では、ロンドンオリンピックに関するセッションがあり、オリンピックで成功したのはシドニー、バルセロナという報告でした。

日本では20万のプログラムを予定して実行しようと、2016年7月に文化庁が発表しました。そういう意味ではいろんなことが期待できるのではないでしょうか。

しかし、2013年に東京に決まってからかなり時間が経過しているのに、いままで国立競技場の設計見直しや競技会場の移転変更問題、エンブレム盗用問題などがあって、足踏みしていました。本来なら、観覧客誘致に向けてオールジャパンの宣伝活動が早期に始まっていなくてはならないはずです。リオの閉会式後には東京に注目が集まっているのですから、閉会式の「TOKYO」のコール前に準備しておくべきだったのです。営業や宣伝を考えると当然です。しかし、この2年間は軌道修正に費やされました。実質3年足らずの間で巻き返さなくてはなりません。

⊙双方向交流の先駆けとなった民間代表団訪問

観光に何が必要かというと、政府間の約束事も必要ですが、民間交流が不可欠です。

2015年には、自民党の二階幹事長（当時は総務会長）のもと、中国へ3200人の民間代表団を派遣し交流会を開催しました。そのときのレセプションには習近平国家主席も出席しました。

政治課題はありますが、民間交流は大切だと一国のトップとして発言されました。やはり、民間主導で進めていくことが望ましいのです。

先の東日本大震災では、東北に多くのボランティアが行きました。あれも民間交流のひとつのかたちです。東北の復興を助けたいという思いから民間交流することで、政治的思惑からは外れますから、純粋に地元の人と話ができるというメリットがあります。

中国に派遣した3200名の交流では、「お互いにもっと交流しましょう」と現地の皆さんと約束して帰ってきました。ですから、2016年は中国は訪日客が637万人と、日本を訪れた国の第1位です。私は、この数字を見て民間交流の影響はやはり大きいと思いました。

トップの習近平国家主席は、「朋有り、遠方より来たる。亦た楽しからずや」の孔子の言葉から演説を始めました。

遣唐使の時代、長安（現在の西安）は中日友好交流の重要な門戸で、日本から多くの使節や留学生、僧侶が来て学び生活したことにふれ、その代表的人物の阿倍仲麻呂が、中国の大詩人、李白や王維と深く友情を結び、感動的な美談を残したことを紹介しました。

また、中国の名僧隠元大師が日本に渡り、仏教の教義だけでなく、先進的文化と科学技術も伝え、日本の江戸時代の経済、社会に重要な影響を与えたことも紹介しました。

そして、「徳は孤ならず、必ず隣あり」（徳のある者は孤立することなく、必ず仲間がいる）という論語の言葉を引用し、長い歴史の中で中国と日本はつながり、いま政治課題はあっても民間交流が大事だという内容の話を20分間滔々と話しました。それを聞いて列席者は皆感動を覚えました。
しかし、日本のマスコミは習近平国家主席の言葉の中で、政治課題のところしか報道しません。たいへん残念なことです。中国の新聞では全文掲載されていました。そのことにより、中国の人民は、自国のトップがそういうなら日本との民間交流を深めようと、旅行客が増えていくわけです。

これからアジアの中で日本が観光先進国になろうとするのであれば、立ち位置も大事ですし、どんなときでも日本は世界に交流に行くぞというメッセージを民間がもっていなくてはいけません。

パリのテロでも、一番遅れていたのが日本人観光客の復活でした。他の国ではほとんど100%に戻っているときに、日本はまだまだだったのです。なぜこんなに落ちてしまうのか。誰かがブレーキをかけてしまうのです。旅行会社がブレーキをかけているわけではありません。そうなると、報道のされ方に問題があるのではないでしょうか。

さらに、2015年10月には、インドネシアへ1000名の訪問団を派遣し、私はこの2つの訪問団の実行委員長を努めましたが、お互いの尊敬と心と心の交流こそが大事かと思います。そういう気持ちがインバウンドを増やす要因になるのではないでしょうか。この気持ちをどうやって醸成し実践して、そして次の2030年に向けて発展させていくかが課題だろうと思います。

◉日本の地方文化とDMOの役割

インバウンド拡大は、何も東京の一極集中で進めるわけではありません。日本の地方の魅力を広域的に知ってもらうことが大事なことです。

ツーリズム産業ではいま、DMO（Destination Marketing / Management Organization）という新しい考えの組織体が注目されています。そして、それと発想を同じくするDMC（Destination Management Company）という新しい考えをJTBでは16年前から提唱していました。

つまり、地域密着型の観光資源開発や各種イベントなどを創出し、「送客」と「創客」の2つの側面で交流人口を生みだしていくための考え方と、経営および推進体制のことです。

略称の意味は次のようになります。

Destination：目的地・到着地

Marketing / Management：マーケティング／経営

Organization / Company：組織／企業

観光物件、自然、食、芸術・芸能、風習、風俗など当該地域にある観光資源に精通し、地域と協同して観光地域づくりを行う組織・団体を指しています。

　もともとＤＭＣはイベント会社が90年代に使っていた言葉で、そのおおもとの考え方はやはり欧米にあります。10数年前にＵＮＷＴＯという国連の観光機関から全世界の観光関係者に対して、こういう仕組みで地方創生をしませんかというベストプラクティスのモデルが発表になっているのです。

　私は、これからはこの考え方が重要だと思い、ＪＴＢはそのコンセプトを２００２年、ＤＭＣに変えて実行してきました。


　そのモデルプランの最高峰がスイスのツェルマットです。人口５０００人ほどの小さな町です。ツェルマットのホームページをご覧になるとわかりますが、地方政府による観光政策が１００年近く続いています。まず、地域の観光局の組織があります。

　もうひとつ特徴があり、住民が会社をつくっています。融資をして、そこに資金を集めて、金融機関をつくり観光資源に投資するのです。当然、町の住民が株主となります。それによってツェルマット全体が潤う仕組みです。そのように町づくりに取り組んできました。

　地域住民が参加する仕組みを１００年近く前にコンセプトをもちながらつくり、実行してきて、いまそれが国連のベストプラクティスになっています。日本は、そのようなモデルケースからもっと学んだらよいと思います。

一方、日本には観光連盟や観光協会がたくさんあります。しかし、広域連携がしにくく、それぞれいろいろなことをやっているのですが、どれも十分機能しているとはいえません。

ＤＭＣの考え方は私が常務だったときに、現在のＪＴＢの経営企画部の幹部とつくり上げました。そのころはインバウンドの話題もない時代でした。

２００１年９月11日のちょっと後だったと記憶しています。その後はＳＡＲＳが問題になり、初めて感染症による被害が出ていました。そのようなリスクは往来の自由を阻害します。海外旅行に逆風が吹いていた時代で、国内旅行市場の活性化のために知恵を絞ったわけです。


日本の観光庁も２０１５年から「日本版ＤＭＯ」というコンセプトを打ち出しています。観光庁は、地域の「稼ぐ力」を引き出すとともに、地域への誇りと愛着を醸成する「観光地経営」の視点に立った観光地域づくりの舵取り役として、多様な関係者と協同しながら、明確なコンセプトに基づいた観光地域づくりを実現するための戦略を策定するとともに、戦略を着実に実施するための調整機能を備えた法人を日本版ＤＭＯと位置づけています。

このため、日本版ＤＭＯが必ず実施する基礎的な役割・機能（観光地域マーケティング・マネジメント）は、以下の３つだと規定しました。

① 日本版DMOを中心として観光地域づくりを行うことについての多様な関係者の合意形成

② 各種データ等の継続的な収集・分析、データに基づく明確なコンセプトに基づいた戦略（ブランディング）の策定、KPIの設定・PDCAサイクルの確立

③ 関係者が実施する観光関連事業と戦略の整合性に関する調整・仕組みづくり、プロモーション

◉地方文化の源は〝藩〟にあった

DMOを考えるときに、ヒントになる歴史的背景として、江戸時代に日本国内には約300の藩があったことを忘れてはなりません。

これは私たち旅行業が国内旅行を企画する発想の原点にもなっています。

この300余藩に醸成されてきた文化は、独特のストーリーと魅力にあふれています。江戸時代約260年の中に、藩ごとに微妙に異なる文化や言語が醸成されています。この時代に生まれた人は、ほとんどの場合生まれた藩から出ない人が圧倒的でした。通行手形がなければ外部に出られません。

それなりに裕福な商人、参勤交代に行く大名と随伴の武士が多く、農民はほとんど出なかったでしょう。300余藩が全部参勤交代で江戸に行きます。全国の文化が江戸に集中するのはごく自然の話です。東京にいろいろな文化が混じっているのはそのせいだと思います。

そこの紐解きをしたら、日本の観光資源の可能性はまだあるのではないか、というのが私の仮説です。

現代の話題に置き換えると、道州制や広域観光などの提言はたくさんあります。

小さいより大きいほうがマネジメントしやすいと考えがちですが、こと文化の育成、醸成を重視するならば、もう一度藩の仕組みを学び直すべきです。

山形県にはいくつ藩があったかご存知でしょうか。

答えは、山形藩のほか、米沢藩、米沢新田藩、上山藩、出羽松山藩、最上藩、天童藩、新庄藩、庄内（鶴岡）藩、長瀞藩の10の藩と天領です。

ひとつの県でかつてこれだけの藩があり、山のほうか海に近いかで、すべて文化が異なると思います。米沢は新潟から来た上杉家が治め、上山藩は飛騨高山からきている。

そういう文化の中で山形ができていったということですから、地方の文化を説明するときも、こういう背景を紐解いていく必要があります。

私が社長になったとき、一度やろうかなと思ったイベントがありました。それは全国お雑煮選手権です。

藩ごとにこれだけ文化が違うのであれば、お雑煮の味も違うのではないかと考えました。300の藩全部違うとはいいませんが、200はあると推測しました。これが文化だとすれば、260年間が地域ごとのさまざまな文化を育成させたよき時代だったと思います。

それが明治維新になって、江戸城が開放され、江戸を東京に改称して、都が置かれた京都から東京への遷都が行われました。すぐ鹿鳴館をきっかけに西洋文化を取り入れて、何となく江戸文化より西洋文化が上だという意識になりました。

それが明治から昭和まで続いていたと思います。

そして太平洋戦争が終わり、新たな国づくりのため経済政策に力を入れるあまり、文化をどこかへ置いてきてしまいました。豊かになったのは1970年代だと思います。豊かになって初めて、過去に置いてきたものがあると気がつくのです。

置いてきてしまったなあと思うものは、もう50年くらいたっている気がします。

これをいま、せっかく海外から2400万人もの人が来ているときに、もう一度日本の国民として良さを見直していかなくてはなりません。クールジャパンの一環として捉えられそうなことを再度整理整頓する必要があるのではないかと思います。

いま欧米人は、すでにそういうことを楽しみにして日本に来ています。谷中、根津、千駄木周辺など、日本らしい下町を歩いたり日本文化を楽しんだりしています。

⊙外国人に日本を見せるために文化を学び直すべき

私たち旅行会社の立場からいうと、日本の旅行業界の創世記には、お客様の旅行行動は観光地を見に行こうというものでした。

この10年、20年は旅行の本質、つまり、その土地の生活文化を見るように変化してきています。生活文化の中で培われてきたモノ・コト、たとえばお祭りや古い町並み、施設などを見に行くのが楽しいわけで、生活文化や歴史の裏づけのないものを見ても意味がありません。

インバウンドのお客様に日本に来て見せるものも、そういうモノやコトです。

例を挙げましょう。

私は、アメリカに駐在していたときに、日本の正月が文化的に面白いからと紹介したことがあります。私が子供のころは、凧揚げや獅子舞、羽根突き、こま回しが日常的にありました。当然お雑煮やおせちを食べるという食文化もありました。初詣にも行きました。

あるとき、それを見たいというお客様が日本に来ました。しかし、近年はそのような文化を見せる場所がなくてほとほと困りました。どこで見せていいのかわからない。

京都に行けばあるのかもしれませんが、東京に来ても名残がない。初詣に行っても着物を着ている日本人は多くありません。そのお客様は、お正月の日本人は着物を着ているとばかり思い込んでいました。

幸い、新宿の京王プラザホテルにお正月プランがあり、お正月に屋台やイベントをやってくれていて、そこにご案内しました。東京のホテルでは唯一正月行事をイベントにしています。そういうイベントを日比谷公園や代々木公園、浅草でやってもいいのではないでしょうか。日本人は自国の中で知らないうちに失っているものがあります。

昔はフジヤマ・ゲイシャが、西洋人が抱く日本のイメージで、外国人はそれを見に来ていました。確かに、昔は東京にも見番がたくさんあって、芸者さんが多くいた時代がありました。

京都の舞妓さんも昼間は見られませんが、たまに祇園を歩いています。観光客はそういうときは写真を撮りたがります。しかし、本物の舞妓さんは夕方にお座敷に行かないと会えません。お座敷遊びには数万円もかかります。

このような文化について、京都はまだ大事にしていますが、全国で大事にしているところは数少ないように感じます。

東京では「東をどり」があり、新橋に約60人の芸者さんが、また向島にも約90人の芸者さんがいますが、神楽坂も赤坂も浅草も少なくなっています。単に接客サービスをする人と芸子は違います。そのような差もわからない人が増えました。

日本人は、自国の文化をもう一度きちんと学ぶ必要があります。

⦿自然と四季の価値を再発見する

それから、日本にははっきりとした四季があるのが特長で、これが大きな観光資源となっています。

桜の開花期には花見、夏は日本各地が賑わう盛大な祭りや盆踊り、海山のレジャー、秋は紅葉、冬は雪の風景。

また、日本は海に囲まれた国であると同時に、国土の約70%が森林であり、山岳地帯や湖や川もあるし、農地ならば水田や畑が独自の景観をつくり上げています。

里山里地というように、人と自然が融合しながら、その土地ならではの生活文化を守ることによって地方の文化は醸成します。そう見ていくと、地方に眠る隠れた価値は限りなくあります。自分の足元の生活文化に、宝が山のように転がっています。

ところが、地方に行って「この田んぼが観光資源ですよ」と地元の方にいっても、皆「は？」という顔をしてピンときません。田んぼのあぜ道は、地上で見るとなんてことはありませんが、空中から、たとえばドローンから田んぼを撮影すると、水をたたえ鏡のような田んぼをあぜ道が見事に区分けし、その美しさは息を呑むような映像になります。

いま、青森県田舎館村では、田んぼアートが話題を呼び大きな観光資源になっていますが、成田空港に降りる飛行機から見る霞ヶ浦の風景も四季折々美しいと、外国人観光客やビジネス客が口々に絶賛します。

田んぼは水を張るとガラスの表面のように輝き、田植え後の苗は鮮やかで、稲が生い茂ると青々とした様子がやがて黄金色になり、稲刈りが終わると真っ黒な土に戻ります。四季の変化がすばらしく、この景色を見ていないのは日本人だけだと彼らはいうのです。

「いつ到着かな」と上の空で飛行機に乗っているだけでは、ツーリズムは発展しません。日常に潜む風景を見て、美しいと気づく感性が日本人の中に生まれることで、ツーリズムが萌芽するのです。

京都の観光客はいまや年間５０００万人ほど来ており、限界に達しそうだといわれていますが、京都の冬は底冷えがして、昔は誰も行かなかったものでした。

そこでJTBが、地元と協力して「京の冬の旅」という旅行商品をつくりました。京都の藤田観光の企画課チームから、「京都の冬を売ってほしい」と依頼があったのがきっかけです。

修学旅行向けの旅館は冬の間、11月から2月くらいまで閉めていました。閉めておくと建物が傷みます。シーズンオフでも1泊朝食付でいいから売りたいという要望がありました。

しかし、冬は冷え込む京都に来る観光客はいません。そこで私たちは一計を案じて、寺院にお願いして特別拝観を企画したところ、12カ所の寺院が特別拝観させてくれることになりました。それで京阪バスにお願いして、バスでめぐる「侘《わび》コース」と「寂《さび》コース」という旅行商品をつくりました。

その後、約12年が経過しました。やはり、冬の寒い時期は旅行に出かけるのがおっくうになりがちです。そこで、意欲を喚起するにはキャッチフレーズが必要だと感じました。

その当時、平成2年の朝の連続テレビ小説に「凛凛と」が放映されており、そこでこの商品「京の冬の旅」に、さらに「凛とした寒さを体験しに来ませんか」というキャッチフレーズを付けました。

これが見事に当たりました。京都にお客様が押し寄せ、旅館も一泊朝食のみで、夕食は近くにある料理屋を紹介する冊子をつくりお客様に渡しました。

京都でも老舗高級旅館は別にして、その他の宿泊施設は、手間とコストのかかる夕食を省いた1泊朝食付というシステムが、シーズンオフ期には好都合だったのです。ホテルに泊まるのと同じ感覚で旅館以外の料理店も楽しめるのは、お客様にとっても魅力があります。1泊旅行で旅館の夕食はいやだとホテルに泊まる旅行客が多かったのですが、このシステムのおかげで、今度は1泊朝食付で旅館に泊まる仕組みが生まれました。

当時はまだ珍しく、一部で活用されていただけですが、今では春夏秋冬を通じて京都旅行が売れるようになりました。

その後、「冬の章・金沢」など、イベント型の旅行商品が他社も含めて売れるようになっていきました。


結果的に、冬の京都はだめだと思い込んでいた人たちに、切り口を変えることで売れることを示しました。その代わりに、旅館側も設備やサービスの努力をするようになります。そのサービスがおもてなしになります。値段もリーズナブルですから、毎年冬に京都を訪れるお客様が生まれました。

冬の京都は、旅館だけでなく、街中でも嵐山や東山の石畳に灯篭やライトを灯す「花灯路」

というイベントなど工夫をしています。それらの取り組みによって、いまの観光客5000万人という数字ができていきました。勝手に増えたのではなく、その裏側には地元行政や鉄道、バスなどの運輸業、そして旅行会社の戦略、地域の若者の協力など、いろいろな人々の仕掛けや工夫があるのです。

四季と自然の中で、その土地に息づく源流に、いまそこにあるものを磨けば観光資源になるのです。新しいものをよそから持って来なくても、ちゃんとあるものを理解し、最適なものがあれば磨くことができます。

◉歴史遺産の見せ方を考える

日本人は知識の広い国民です。中学・高校で世界史を習うので、ミケランジェロの芸術もローマ王国の成立も知っています。

そのような知識を得てイタリアに旅行し、フィレンツェでミケランジェロの彫刻を目の前にして「なるほどこれがミケランジェロか」と思うわけですから、日本人の基礎知識はかなりのものです。しかし、外国人はそこまで知識を頭に入れて日本に来ていません。

日本には、まだ海外の人が知らない優れた歴史遺産や文化遺産が数多くあります。

デービッド・アトキンソン氏は、二条城の案内板には説明書きがあるにはあるけど、建築の仕様がたくさん書いてあることに違和感を覚えると指摘しましたが、たしかに外国から初めて来たお客様は戸惑いを覚えるでしょう。そういう建物の構造や材質などの説明は、外国人観光客にとっては、興味のある人にしか意味のない情報です。

それよりも、この建物がどういうことに使われていたかが重要なのです。江戸幕府から天皇へ大政奉還が行われ、武士の世が終わり近代社会の明治へ移行する、最大のイベントが開かれたドラマチックな場所なのです。

ある外国人からは、「なぜそこで大政奉還が行われたのかを説明してほしい」と熱心に質問されました。それが歴史文化なのであり、建物の説明は後回しでもよいでしょう。

平泉の中尊寺金色堂も、建物の説明が綿々と書かれているのが実態です。東北一帯を制し、京都とは違う独自の文化を築いた奥州藤原四代の歴史は、外国人向けにはあまり説明されていないのではないでしょうか。

また、私は4年前、一般には入れない金閣寺の内部を見る機会に恵まれました。

どうやら、足利義満は金閣寺を造ったとき、内部のつくりはどうでもよかったようです。義満は訪れる客に、金閣寺から見る庭を見てもらいたかったのです。

庭には池があり、衣笠山を借景に使い、庭石の配置は日本列島を模しているといい、それは素晴らしい眺めです。いつもは庭の向こうから見る金閣寺だけですから、めったにない体験をしました。この体験から、もしかすると、ほかの日本の文化財の見方も、本質的に間違えていることがたくさんあるのかなと思いました。

銀閣寺もそうかもしれません。銀閣寺は観月のために造られました。寺の内側から空の上と池に映る月を観賞します。そのため庭石は少なく、池は大きく中心に配置されています。

実は私たちもあまり知らないことで、これから日本の生活文化を教えるとすれば、国内の教育の手法も変えていく必要があります。

◉昭和30年代に始まった「祭り」を見る旅

日本の各地には、その土地に根づいた文化があり、それをもっともよく知ることができるイベントが「祭り」です。

もともと、祭りは農業の収穫を祝ったり、神様への感謝の気持ちを音楽や踊りのほか、仮装、神輿、山車の行列で奉納したりするための行事であり、その地域の中の人々が、自分たちで楽しむために行っていました。

旅行業が地方の祭りに注目したのは、昭和30年代に日本交通公社（現ＪＴＢ）と国鉄が、「東北三大祭り」という旅行商品をつくったのが始まりです。

それまで東北三大祭りは同じ日に実施されていたのですが、国鉄や旅行業界の働きかけで、それを１日ずつずらしてもらったことにより、ツアーとして売り出せるようになりました。

仙台の「七夕まつり」と青森の「ねぶた祭」と秋田の「竿燈まつり」を一緒に見られる東北のツアーは、大人気となりました。

いまは山形の「花笠まつり」を入れて四大祭り、盛岡の「さんさ踊り」も入れて五大祭り、あるいは福島の「わらじまつり」を入れて六大祭りとなっています。

この成功プロセスを経たのち、昭和40年代、池田勇人首相が所得倍増計画を実施したときに、国民の懐にも余裕が出てきて、旅をレジャーとして捉える文化ができてきました。

そして、オリンピックにより外国からの観光客が訪れ、日本人も大きな刺激を受けました。

その6年後、１９７０年に大阪万博となります。旅がレジャー化した一番のエポックメイキングな年だと思います。

その後、国鉄のディスカバージャパンというキャンペーンが始まり、海外路線にジャンボジェット機が就航し、新幹線が大衆化することで修学旅行も新幹線で行くようになりました。そこが本格的なレジャーマーケットの原点です。逆にいえば、大量輸送時代を迎え、個性よりも集団での行動が好まれるという時代でした。

それが徐々に進化して、バブル経済が90年代に崩壊してからは個人化の時代が始まり、それからいま25年くらいたちました。

歴史的にみると、いま中国も東南アジアもそういう道をたどっています。日本は東京オリンピックから53年がたち、最初の25年とその後で、経済環境もライフスタイルも変わってきていると思います。

伝統文化は商いではなく神事だという人もいますが、大勢の人が来ることで、より伝承しやすくなったはずです。阿波踊りや越中おわら風の盆、沖縄のエイサーにも意味があります。しかし、踊りの意味を説明する人が少ないのです。

祭りは、ツーリズムにとってはものすごく大事な資源です。いまは海外の方でも京都の祇園祭を見るために1週間も滞在する人がいます。日本の祭りの楽しさ、美しさを知ってもらい、需要喚起につなげることが重要です。もっとお祭りを地域とともに育てていく必要があります。

ツーリズムにはいろんな人を動かす力があるのですが、文化でも人は動かせますし、スポーツでも動かせます。人が人を動かすのが、ツーリズムの仕事です。

私はＤＭＯの山陰インバウンド機構の会長を務めていますが、石見のお神楽など、素晴らしい芸能なのに興味をもってくれる人がなかなかいません。もともとマニアックな関心がある方が観るだけです。

いま神楽というと宮崎県の高千穂町と椎葉村、西都原の一帯がまず挙がります。石見の神楽は出雲の流れを汲んでいるので、神話が非常に象徴的に表現されていて面白いのですが、これがイベントとして十分に周知されてはいません。

こういう芸能文化を掘り起こしていく必要があります。掘り起こされた最大のものが、先に挙げた東北の三大祭りや六大祭りなのですが、今後もこれに匹敵するような日本の祭りをインバウンド向けに紹介していくのが、ＤＭＯや地方自治体、ツーリズム産業の使命だと感じています。

◉「日本の良さ、日本の想い出」を買っていただくショッピングツーリズム

私はジャパンショッピングツーリズム協会の会長も務めているので、協会の会長として皆さんによくお話ししているのは、「ただ漠然とモノを売っていませんか？」ということです。

モノではなく、日本の良さを買ってもらうという発想で商品を企画し、商品の価値を人々に知らせていかないと、買い手がないでしょう。

日本は北海道から沖縄まで、四季折々、東西南北にわたり産物があり、日本の思い出として買ってもらう土産品は数限りなくあるのではないでしょうか。

日本は中国や韓国の文化とシルクロードの文化が融合して独自の文化を形成し、それが産物にも反映されています。日本のモノづくりが優秀だというなら、匠の世界を大事にするべきです。

生活文化というものにはストーリーがあって、歴史が必ずあるものです。

京友禅にしても加賀友禅にしても、皆その土地で発展してきたプロセスがあります。

江戸切子と薩摩切子はどのような違いがあるかを探れば、そこに歴史的背景がちゃんとあり、重さもつくり方も違う、似て非なるものです。

琉球ガラスは、戦後アメリカ人がたくさんもってきたカラフルな瓶を溶かして造り始め、芸術的な工芸品にまで高めました。

沖縄の人からすると苦肉の策でした。生活が苦しい中で、新しい商品をつくろうとして、生きるための手段としてやってきたところがあって、戦後苦労してきた思いが詰まっています。そういう背景や物語を知ると、モノを愛おしく感じたりするのです。

本来、ツーリズム関係者はそういうことを伝えなくてはならないのに、ツアー客を土産物屋に連れて行って「体験してください、買ってください」だけでいいのかと思います。そう考えるといろいろなテーマの中に、まだ隠されているものはたくさんあります。

以前、アニメ「もののけ姫」の題材になった奥出雲地方にある「たたら製鉄」を見る機会があったのですが、すばらしい技術と歴史があります。そこでつくられる玉鋼《たまがね》の純度は99％以上だそうです。明治時代にも、ドイツの会社がこの技術を売ってくれとやってきたそうです。

しかし、日本人がその価値を知る前から、どうしてドイツ人が知っていたのか不思議なものです。そこでつくられる刀剣や刃物の硬度がとても高いことがたたら製鉄の刀剣を皆がほしがる理由です。たたら製鉄の原料は真砂土に含まれる砂鉄です。

砂鉄採取のために大量の真砂土が流されて堆積し、その砂でできたのが鳥取県の美保湾と中州を分けている弓ヶ浜半島だそうです。日本の中にも知らないものはたくさんあり、地元の人でも知らないことがあるのです。地元の歴史博物館に行ってもらえるといいのですが、観光客でもなかなか行かないのです。

伝統文化や工芸品は、昔から続けられてきたことです。しかし最近は、西陣の織物でもやめていく工房が多くなっています。では、日本の織物文化は衰退していいのでしょうか。そういうわけではありません。

小池百合子東京都知事は、リオオリンピック閉会式に和服で臨みました。最近は、若い人の間でも浴衣やアンティークの着物を着る人が増え、和服の価値が見直されています。

先日韓国に行ったところ、チマチョゴリを着る若い人も増えていると現地の人から聞きました。実際観光地でも、中国人観光客でしょうか、チマチョゴリの衣装を借りて楽しんでいました。ただ、和装の場合は着付けが難しく、なかなか一般的ではありません。女性だけでなく男性も含めて、もっと着物文化に親しんでもらいたいと思います。

帯や着物の生産はだんだん減っても、それをつくる技術は何かに転用できないものでしょうか。最近、帯をテーブルクロス用に買う海外の観光客も多いのです。

帯の両端を切って加工しているのですが、高価なものなら150～200万円もするのに売れています。センタークロスとしては幅が狭いこともあるので、もう少し幅があればいいという声も聞きます。そのような要望を聞いて、製品をつくればいいでしょう。織の技術は同じですから、対応できるはずです。

いずれにしても、着物に限らず日本文化をどのように情報発信していくかが、これからの大きなテーマではないでしょうか。

ヨーロッパにも家具、宝飾品、時計、陶器、革製品など、匠のつくる製品が数多くあります。

ヨーロッパから、アメリカに文化や技術が移っていく中でも、先進国では匠の製品を大事にして、特徴的なものをつくり、ブランド化しています。

日本はいま、欧米の先進国がたどったような端境期にきていると私は見ています。この端境期に、日本のインバウンドの波がきました。中国人観光客が、日本のハイテクで安全な製品を買うという〝爆買い〟が社会現象となりました。一時は、銀座や首都圏のデパートは、中国人観光客であふれていました。いまは、化粧品、日用雑貨などが中心です。

アジアからの観光客は、日本の匠のもの、たとえば日本の陶器などはまだ買っていません。私たちもヨーロッパに行くとマイセンなど、工芸品のような陶器を買うではありませんか。日本にも素晴らしい焼き物はたくさんあります。

これからは、アジアの富裕層に向けて、匠の世界の商品を売り込んでいくことも有望です。ヨーロッパやアジアの人が来て日本の陶器を買うのか、ガラスを買うのか、工芸品を買うのか、和紙を買うのか。いずれにせよ、手軽な安っぽいみやげ物を売るという発想ではダメです。工芸品、匠のものを売るという努力が必要ですし、マーケティング戦略を打ち出すべきです。私たちもイギリスに行くと紳士用の靴や帽子を買い、フランスに行けばハンドバッグなどのブランド品を買うか匠の製品を買います。

これらは世界の富裕層に愛好家が多く、日本でもこのような高級なモノづくりに対して価値を高めなくてはなりません。

インバウンドの推進に際して、日本のブランドやクールジャパンがテーマになりますが、そのときに、多くの日本人が、自分たちの文化の素材をしっかり見極めているかどうかが問われます。

たとえば、日本でも各地に歴史博物館や伝統的な美術館などがありますが、地元住民はあまり行かないでしょう。しかし、ヨーロッパでは市民が美術館をよく知っています。陶芸ならこの美術館、ガラスならバカラ美術館がいい、など詳しく話してくれます。日本人は海外旅行に行くと、美術館には積極的に行くのに、日本にいるときはそうでもありません。

これから大量のインバウンド客を迎えるにあたって、日本の美術品や工芸品を振興しようとする国民的な活動や運動がなされるべきです。

⦿ショッピングへの対応法

海外からの旅行者の買い物行動についてですが、日本の店舗が外国人にとって利便性が高いか低いか、あるいは英語や中国語など多言語対応ができているかは、あまり気にする必要はないと思います。

量販店のドン・キホーテは陳列も混然として、決して買いやすい店ではありませんが、外国人が喜んで買い物を楽しんでいます。ドン・キホーテのトップとお話ししたときに、あえてベトナムの公設市場のように並べることにしたと伺いました。スペースがない中に商品を積み上げたり吊り下げたりします。

買い物客は、自分がほしい物を探し当てる楽しさがあります。欧米人も中国人も東南アジア人も、自分の身の回りにそういう店が多いから案外平気です。かえって、きれいに陳列され「触らないでください」といわれるほうが、買い物客は緊張して敬遠するか、逆に触ってトラブルになってしまいます。

以前なら、ヨーロッパでは日本人客がよく商品に触れるので「触らないでください」と注意されたものです。日本人だけでなく、アジア人はよく商品に触ります。

おそらく市場で手にとって自分で探して買うという癖がついているからです。ヨーロッパでは店員さんを呼んで「これを見せてください」と伝えなければいけないのですが、そういう言葉の問題になるといえないという人もいます。

しかし、別にフランス語ができなくても、日本語や身振り手振りで希望を伝えれば、店員さんも察知してくれてきちんと対応してくれます。日本の店舗も、大衆的な店も高級店も、これまでどおりの売り場づくりや接客対応で大丈夫ではないでしょうか。

これからは、インバウンドのお客様はおみやげとして自分の物を買うでしょう。いま、日本人旅行者は近所や職場の人へのお土産をほとんど買いません。自分が使う物を買います。生まれて初めてパリに来た人は別でしょうが、海外旅行も2回目3回目となると当たり前で慣れてくるのでしょう。その代わり、自分がほしい物は100万円でも200万円でも買うようになります。

私たちは、日本人の海外旅行の変遷から、旅行の成熟度と買い物行動の相関関係をよく把握していますが、多分中国をはじめとするアジア新興国の訪日客も、これからそういう動き方をすると思います。

たとえば、私たちがパリに行って、ルーブル美術館を観た後にバカラ美術館など個別の美術館に行くと、ついガラス工芸品を買ってしまいます。なるほどうまくできています。ずっと説明を受けて、最後はギャラリーになっていて値段が付いているのですが、説明を受けているうちに買って帰ろうかなという気になってきます。観光客にとっての買い物とは、そうあるべきかと思います。

日本もまだ慣れていないのですが、今後はそういう買い方をしていくと思います。

しかし、東京を観光しているインバウンドのお客様が、九谷焼や伊万里焼などを買いたいと思って東京で品物を求めようとすると、いまは売っている場所が思いつきません。薩摩切子は、有楽町にある鹿児島のアンテナショップにはいくつかありますが、それでも買い物客が、自分のほしい品物を比較しながら品定めする売り場として考えると、品揃えが少ないでしょう。

欧米人には、日本の焼き物は陶器の原型だと思われています。伊万里焼や有田焼などは日本からヨーロッパに渡って、デザインをまねされた部分もあります。

マイセンやリヤドロも、日本や中国の焼き物の影響が大きくあります。中国の景徳鎮はシルクロードを伝って渡り、日本の焼き物は南蛮船によってもたらされました。

ルーブル美術館や大英博物館、アメリカのボストン美術館の浮世絵など、欧米に流れた日本の美術品はたくさんあります。日本は幕末から明治時代に武器を買うために浮世絵を売ったそうです。神仏を分離するときにも、仏像などの貴重な文化財が流出しました。

世界に散らばる日本の美術工芸品を一度全部寄せ集めて、日本で大展覧会をするといいのではないでしょうか。故宮博物館並みに、膨大な文化財が集まるはずです。オリンピックのときに、一緒にこのようなイベントをやれないものでしょうか。

オリンピックは文化とスポーツの融合なのですから。

インバウンドをもっと盛り上げていくために、日本の伝統文化、一方でクールジャパンのカルチャーをどう紹介していくかが非常に重要です。

⊙伝統食の多様性から文化を再発信する

地方文化は、自分の足元を見つめ直して源流をたどり、いまそこにあるものを磨くことで光ります。新しいものをもってこなくても、足元にあるものをちゃんと理解し、最適なものがあれば磨くことができます。

山形には芋煮会という行事があります。川原に大きな鍋で里芋を入れた料理をつくり、皆で戸外で食べるイベントです。収穫が終わった10月ごろに行います。

そこで、旅行会社である私たちが、山形の旅館に、夕食の献立に芋煮を入れるようにしてもらったところ、これが結構評判となりました。

しかし、10年以上前なら地方独特の珍しい風物は目新しく見えましたが、いまはウェブやソーシャルネットワークで何でも見ることができるので、臨場感や新規性がなくなっています。素材なんかどこにでも転がっていると見くびりがちです。

しかし、自分の身の回りにあるものが何でも素材になるということが、ツーリズムのビジネスでは一番の特徴といえます。生活文化を紹介するということは私たちの原点であり、すべての軸なのです。

地方の珍しい生活文化を、地元に住んでいる人は当たり前のこととして考えて行っています。だから、旅行者にとって価値があるとは、地元の方は全然思っていません。

水戸では毎日納豆を食べても、大阪の人は食べない。なぜかというと、それは大阪の人が納豆の味を知らないがゆえです。いまは調べようと思えば、インターネットやソーシャルネットワークで全部知ることができる。でも実は、手軽に知ることができるがゆえに、あまり深く調べていないのではないでしょうか。

うろ覚えの知識でも、検索すればなんでもわかるから知った気になります。しかし、知恵というものは獲得した知識を総動員して自分の行動に移すことです。知恵を生み出すという意味において、日本はまだまだ宝の山だといえます。

江戸時代の藩がつくってきた独自の生活文化は多様にあります。伝統文化の再生は、本当にやらなくてはいけないものです。日本にはたくさん眠っている文化があります。

しかし、それをきちんと社会的価値と認めていません。ＪＴＢのトップになって以来、全国を回ってみて、まだまだ知らないことがたくさんあるなというのがこの10年間の印象です。

一方、日本はイベントを大事にしていますが、祭りには必ず付随しているものがあります。ひとつは食です。地方によってはちらしずしや太巻きずし、京都の祇園祭には鱧料理、高知なら皿鉢《さわち》、金沢なら押しずしやゆべしなど、お祭り用の食事があるでしょう。

もうひとつは、お祭りには必ず衣装が必要で、着物を着ます。衣と食の視点でお祭りを捉え直したらもっと新しいことができるような気がします。単にきらびやかで綺麗なだけではありません。食文化や着物文化を、お祭りと連動して楽しんでみることに意味があります。

おいしい郷土料理を堪能しながら、なぜこのお祭りに食文化が生まれたのか思いを馳せるのもいいでしょう。お正月のおせちやお雑煮がそのいい例です。そういうものが、まだ探せばたくさん出てきます。

⦿磨けば光る地方の伝統芸能と独自の文化

外国人に受け入れられる踊りや伝統芸能は、たくさんあると思います。歌舞伎や能は、親から子、師匠から弟子に伝える伝承文化です。

しかし、地域で守るお神楽は伝統文化です。地域に昔のまま残っている文化は結構あります。狭い範囲にとどまり進化できなかったからともいえます。伝統文化は守ることが最大の務めです。

歌舞伎のように、伝統を守りながらも、だんだん現代的な演出や脚本を取り入れ革新することもできます。外国人だけでなく日本人も、香川県琴平町の金丸座（旧金毘羅大芝居）に行ってみて、金毘羅歌舞伎を鑑賞し、歌舞伎役者の息づかいが聴こえるような、源流の体験もしてみてほしいものです。

昔はそういう近さで観ていたわけですから、四国まで訪れて観てみることは貴重な体験となります。そういう動機づけをもった方が、次に歌舞伎を観に行くときに深みが出ます。

伝統芸能でいうと、能は一般の人が観る機会が少なくて、敷居の高いものにしてしまっています。狂言もそうです。

本来は大衆文化ですから、もっと自由にどこでもやっているのを観るのもいいと思います。逆に、地域の伝統芸能やお神楽のほうが民衆に密着していると思います。

各地方のお神楽や金沢の加賀宝生（金沢市が指定する無形文化財の能楽）も特徴的ですし、先に挙げた石見神楽も地域に根づいた素晴らしい地域芸能です。

あるとき、金沢で講演をしたところ、聴講していた方からお叱りを受けたことがありました。「金沢は小京都」といってしまったところ、会場から手が上がり「何をいっている。金沢は武家文化の伝承者だ。公家文化の話などするな」という厳しいご指摘でした。それ以来、私は小京都という言葉を使うのをやめました。文化のベース全部が京都と違うのです。

京都の観世流の面と金沢の宝生流の面は違います。面を打つ人もそれぞれの流派で違います。そういうことを加賀前田家の文化に基づきながら伝承してきたのだと思います。金箔もそうです。そういうことを理解しないで軽率なことをいってしまったと反省しました。

他の古い城下町でも、つい小京都といってしまいます。しかし、地元民からすると京都の亜流と思われるのは面白くありません。それぞれに根づいた生活文化があるのです。それはすごく大事なことではないでしょうか。

そういう軸をもった住民がいることが、非常に重要なことでしょう。そういってもらえると、ツーリズム産業の私たちも磨くものがまだたくさんあるのかと考えさせられます。


いま、私は山陰インバウンド機構で、山陰地方の広域観光周遊ルートを開発しています。関連するシンポジウムで、私たちは縁結びの話をしました。

観光周遊ルートは「ジャパニーズロマンティック街道in山陰」、そして「縁の道～山陰」というネーミングで、山陰独自の文化を体験できるルートをつくりました。サブタイトルは「新しいもうひとつの日本、新しい発見」です。

縁の道は、出雲大社にちなんで縁結びの縁を意味しているのですが、それは出雲の歴史を知っている人ならピンとくる話です。

日本人向けのプロモーションならそれでいい。でも、外国人には「新しいもうひとつの日本、新しい発見」のほうがわかりやすい。海外の人から「その意味するものはなんですか」と問われたときに、あらためて「それは出雲大社のご利益である〝縁〟という考えを表しています」と答えるほうが納得します。

外国人には起承転結がある説明のほうがいいのです。日本人にはそんなまどろっこしい説明はいらないのですが、学習の差があることを考慮しながら、地方文化の精神を説明しなくてはなりません。

⊙日本人のおもてなしの意識と行動を問い直す

東京オリンピック招致プレゼンテーションで、滝川クリステルさんの「おもてなし」という言葉が強く印象づけられましたが、この言葉に対して外国人はどういう感じをもっているか、いつも考えます。

外国の方に会う機会があると聞いてみるのですが、彼らはおもてなしの感想をなかなか答えられません。おもてなしの意味を情緒的に伝えるのではなく、その意義や方法をしっかり伝えないとなかなか理解してくれません。

能登和倉温泉の加賀屋は2015年まで36年間連続そして2017年と、日本のプロが選ぶ旅館ナンバーワンの座にあります。その加賀屋さんが使う言葉に「気働き」があります。

この「気働き」が、加賀屋さんのおもてなしの原点だといいます。一方、「気配り」という類似の言葉もあります。気配りは「意識」を働かせることであり、気働きは「行動」を指しています。機を見て敏に動くということです。

行動しないとおもてなしにならないので、この気働きを加賀屋の一番のクレド（行動規範）に掲げています。

これを知ったのが30数年前で、私もときどき使うのですが、こういうことをしっかり言っている旅館が案外少ないものです。わかりやすくするために、例を挙げましょう。

レストランで接客係がフロアのお客様の様子を気にしています。お客様がお水を飲み干したあと、もっとほしいと思ったときに少し体が動きます。すると接客係はさっと来て水を注ぎます。これは気配りです。フロアに気を配っている状態です。

しかし、気働きはお水がなくなった瞬間にもう注いでいるのです。お水を飲んでいる姿をずっと見ているわけで、機を見て敏に動きます。その差は、サービス業からすると雲泥の差です。

お客様が何かをしたいという行為を見てからサービスを起こすのは気配り。気働きは、お客様が何をしてほしいのか注意深く観察しています。「気配り」と「気働き」の意味を、外国人に説明すると、非常に感心してくれます。

クープ・ジョルジュ・バティストという料理のサービス等の技術を競う選手権があります。欧米だけでなく、アジアでも知られるコンテストです。

2012年には東京で開催され、恵比寿の高級フレンチレストラン「ジョエル・ロブションン」のチーフサーバーの宮崎辰さんが優勝しました。

その様子がテレビでも放映されましたが、宮崎さんの行動を見ていると、たとえば料理を食べている女性がどうもおなかいっぱいになりそうだと思うと、その女性の横にさりげなく近づき、「次のお肉料理は半分にしておきましょうか」とそっと伝えるのです。

これが気働きです。厨房にもその旨を伝え、気持ちよく食事ができるよう配膳をコントロールしていきます。これこそが世界選手権を制したサーバーの態度です。おもてなしは何も日本の専売特許ではありませんが、それは技術だけでなく、精神的な構造があります。

日本人がもっている親切心、やさしさです。安全安心にセンシティブだという国民性も関係ありますが、客人をほっとさせて豊かな気持ちにして帰したいという気持ちが根本にあります。

観光立国推進基本法の基本理念に、「住んでよし、訪れてよしの国づくり」と書かれています。「住んでよし」が先です。住んでいる人がよくなければ訪れる人もよくならない。叱咤激励も順番は激励叱咤にはならない。最初に書いてあることの意味を大事にするのも必要です。

サービス業のやるべきことは、相手の気持ちに立って何かを動かすことですが、日本人は本質的にそれができているような気がします。それが外国から日本人が評価されるひとつの原点です。それに一番気がついていないのが日本人かもしれません。

やはり、日本人は個人主義的ではなく、相手を思いやりながら協調・協働していく民族です。家族や地域、お祭りや農作業など、人が群れたり遊んだりするときの風習習慣がつくらせてきたひとつのかたちだと思います。

「明日の日本を支える観光ビジョン」を推進するにあたって、ぜひしっかり伝えていきたいテーマなのではないでしょうか。

インバウンド振興を阻む課題

◉日本人に依然残る「人の意識の壁」

海外からの観光客を迎えるときに、よく言葉の問題が出ます。私たちが海外に行くと気づくのですが、日本語の表示があるかというとそんなにたくさんありません。

しかし、大英博物館のような有名なミュージアムに行くと日本語のパンフレットや冊子、音声案内機は必ずあります。そういうインフラ整備をすれば、言葉の問題はそれほど障害にはなりません。

案内をするツアーコンダクターや受入側で商売をする人は語学が必要ですが、それ以外の人に必要なのは語学力よりも外国人が来たときのおもてなしの意識です。

つまり、外国人を受け入れるという気持ちが市民にあるかどうかという問題です。

先ごろ私は、福井の市民講座に初めて登壇し、集まった方々にお話をしました。市民の皆さんの力を借りなければ観光立国にはなりえません。

いま成功している事例は、地域住民の力を借りてうまくいっているところです。観光業者だけが頑張っているところは、ちょっとの間はいいのですが、せいぜい1年過ぎると衰退の一途をたどってしまう、という事例をたくさん見ています。

外国人をもてなすために言葉は大事ですが、人の意識の壁のほうが強いのです。言語はできたほうがいいのですが、普通の人に必要かどうかは疑問です。

日本人であろうと外国人であろうと、外から来た人をお迎えしようとする気持ちがあるかないか。日本人は意外に、内の人には温かくもてなしても、外の人をお迎えしようという気持ちが薄いように思います。

観光に携わっている人はおもてなしという言葉を使いますが、一般市民は、できればかかわりたくない、面倒だという深層意識がないでしょうか。外国人の来訪によって自分たちの生活リズムが狂い、雰囲気が変わるからです。

富士登山の入り口である河口湖にはいま、中国人のほか欧米人観光客が大勢訪れていますが、河口湖の住民からすると、雰囲気がまるで変わったという受け止め方です。

富士急行の観光ガイドも英語・中国語・韓国語で案内できる人が配置されています。日本人がかえって遠慮して、「すみません、日本語で聞いていいですか」といってしまうほどです。

しかし、これは外国に行くと当たり前の世界です。フランスやイタリアのような観光地によくある風景でしょう。県庁所在地の駅でもそういう意識があるかどうかは、市民の意識改革が一番大事かと思われます。

人をもてなしお迎えする心は、日本人がもともともっている能力です。おもてなしの心があるにもかかわらず、外国人になんとなく抵抗感があるというのがいま乗り越えなくてはならない壁です。

◉ビッグイベントのチャンスに向けて

観光庁が今回掲げ、「日本再興戦略2016」の観光戦略ともつながる「明日の日本を支える観光ビジョン」は、観光立国推進の項目と違ってかなり具体的になっています。ハード、ソフトの具体的な話が多く、特筆すべきは2030年までの目標をつくったことです。旅行消費額15兆円という数値もシビアだと思っています。いまの数値の4倍増です。

ただ、2019年にラグビーワールドカップ、2020年にはオリンピック・パラリンピックがきます。特に、ラグビーワールドカップは全国12会場で試合をやります。また、試合観戦に来日するのがほとんど欧米豪の方です。

この人たちの平均滞在日数、特にベスト8に残るような国の人は3週間くらい滞在します。前回のイングランド大会開催時の平均滞在日数は21・8日です。

オリンピック・パラリンピックの前年に開催されるという大事な要素があって、ここにひとつの流れがつくれるかどうかが最も注目すべき点です。

試合と試合の間がだいたい1週間くらいあって、会場も変わり、その間に人も移動するのですが、その人たちをいかに観光に結びつけるかが、その後のツーリズム産業の振興を左右します。

オリンピックやパラリンピックに比べて参加する国の数は少ないのですが、期間が長いのです（オリンピック・パラリンピックは各2週間）。そういう意味では、ラグビーワールドカップは1カ月半、6週間にわたる開催なので、3倍の期間があり、100人来ると、オリンピックに300人来るのと同じ扱い高になります。

ラグビーワールドカップがオリンピックの前年にあるのはとてもラッキーなことで、テストマーケティングができます。

ラグビーは震災復興の象徴として釜石などでも試合をします。その他の地方では大分や札幌でも開催しますし、国の練習場も、全国で30カ所くらい設けています。そういう意味では非常に楽しみなことです。これを受けて翌年オリンピックになるのはいい流れになります。

また、成人・中高年を対象にしたスポーツの総合大会であるワールドマスターズゲームズが2021年に関西で開催されます。

3年間続くこれらのスポーツの祭典の機会をうまく活用して、訪日客を迎える練習として活用しておきたいものです。その後はこのような機会は訪れません。

訪日客をリピーターとして呼び込む絶好のチャンスです。これらの観戦客が、「日本へ行く旅行はおもしろい。いろんなことができるよ」と発信してくれます。アニメやメイドカフェもあるけど、伝統文化や芸能もすばらしく、過去・現在・未来が全部見られる。そういうものをアピールしていかなければならないのです。

一番怖いのは、訪日客が日本に来てあまり楽しくなかったという感情をもってしまうことです。楽しかったという思い出を残してお帰りいただくための取り組みを急ピッチで進めなくてはなりません。2030年、訪日外国人観光客6000万人をめざすためには、リピーターを増やす工夫が不可欠です。

⊙規制緩和が求められる航空路線の拡大と空港運営

課題はハードの造成そのものよりも規制緩和的な要素で、空港整備や港湾整備について政府は十分な具体的対応策を明確に示していません。しかし、本来日本は島国なので、観光やツーリズムの推進に向けて、空港と港湾の整備は最も大事なテーマです。

ソフト面の話ではビザの解禁などです。円高円安は、そのときの経済状況に左右されるのであまり対策しようがありませんし、20年くらいのレンジで見ればそれほど問題ではありません。むしろ、規制の壁をどう取り除くかという課題があります。

さらに、インバウンド倍増に向けてのハード面は、ラグビーワールドカップ、オリンピック・パラリンピックを機会に進めるのが合理的です。しかし、日本でハード面を整備しなければならないところは、限られています。東京や大阪の一部であり、一番のポイントは「2つの港」だと思います。

ひとつ目の港は空港です。関空もＬＣＣ（ローコストキャリア）の就航が進みましたし、民営化しました。仙台空港も東急電鉄が中心になって運営しています。

羽田は首都圏なので政治的に民営化は難しいかもしれませんが、関西では神戸空港も民営化が決まり、関西三空港が一体運営となります。旅行客には使い勝手がよくなります。ニューヨークのように、国際便か国内便かによってラガーディア、ニューアーク、ジョン・Ｆ・ケネディのように複数の空港を使い分けるのがいい例です。

関空は第2滑走路ができ、ＬＣＣが就航して巨大空港になりつつあります。いまやＪＡＬも全日空もＬＣＣに経営参加しています。いま日本に飛んできているのはほとんどが韓国・中国・台湾等、東南アジアのＬＣＣです。しかし、こういう動きはヨーロッパやアメリカからすれば20年前にあったことです。

一番有名なのがアメリカのサウスウエスト航空です。世界のＬＣＣ化率は平均35～40％ですが、日本を含む東シナ海エリアは20％も行っていません。これが30～40％くらいになれば、旅行市場はもっと広がります。

特に、最大6時間、最小3時間くらいのエリア、つまり東シナ海の中で、上海、香港くらいまでの中国、韓国、台湾はようやくLCCの就航が活発になってきました。

さらにチャーター便の活用があります。日本からハワイ・グアムに行くのと同じように、欧州の人たちはバカンスでロードス島など地中海のビーチリゾートに行きます。そのとき、1シーズンで多くのチャーター便が飛びます。

普段は定期便が飛ばず、200人弱乗りほどの航空機がツアー客の数に応じて運航します。TUIやトーマス・クックなど、集中するレジャーマーケットはチャーター便で運航しているのです。

極論すれば、日本もトップシーズンのハワイ行きの便は全部チャーターでオントップする必要があります。ビジネス客がほとんどいないからです。いまはハワイに行きたくても、年末年始はレギュラー便や臨時便もが取れなくて行けない旅行客が多いと思います。ならばチャーター便で飛ばせばいいのですが、日本はチャーターできる飛行機が不足しているのがネックです。

日本の航空会社は、定期便でギリギリ運航できる機体数しか確保していません。いまボーイング787はやっと順調に就航するようになり、767や777が余ってきていて、2016

年の夏休みは100機ほどがチャーターの海外旅行に稼働しました。

ＬＣＣとＦＳＣ（フルサービスキャリア）とチャーター、この3つの組み合わせで需要喚起するのが、インもアウトも大事なことです。飛行機はアウトしたら、誰か乗せて返さないと儲けになりません。

台湾からチャーターが来たら、帰りに日本人も乗っていく。そういうプログラムチャーター戦略が必要であり、海外とのツーウェイ（相互）の交流人口を増やす戦略にもなります。

旅行会社からすると自由裁量が増えて、ＬＣＣのような選択肢がより多いほうが歓迎すべき状況です。羽田から金浦空港に飛ぶ便はプログラムチャーターという便の制度で飛んでいます。日本側2社と韓国側2社がバランスよく運航するように設定されていて、その飛行機に乗るのに定期便のような形で売ってもいいというルールになっています。

日韓の協定で羽田－金浦間の航空路は設定されていません。成田－仁川間が正式な航空ルートで、金浦便はイレギュラーなのです。だからプログラムチャーターという仕組みで設計しています。それはいまでも変わっていません。台湾の松山便、上海の虹橋便も同様の仕組みです。

需要がないときにチャーター便を出したのではリスクを負います。本当は、トップシーズンのときにチャーターを出して収益を出したほうがいいのです。

たとえば、定員100人のツアー枠に1000人の申し込みがあったら、あとの900人はチャーター便で送り込むほうが、収益を上げられるわけです。

ハワイのトップシーズンであれば、夏休みに毎日10便飛ばして送り込めます。そうすると、料金も安く設定できるはずですが、いまの日本のチャーター便は定期便の飛行機代とあまり変わらないことが悩ましい問題です。チャーター便にすると一部個札販売の規制緩和は行われているものの、基本的にパッケージ商品しか造れず、リスクをともなうからです。

しかし、本来は、チャーター便がかなり安くならないと需要は生まれません。

日本から行くには、1970年に導入されたバルク運賃、後のIT運賃という団体割引があって、コストパフォーマンスもいいのですが、ヨーロッパから日本に来る便にはありません。東南アジアにヨーロッパから観光客がたくさん来るのは、7～8割はチャーターで来ているのです。

タイのプーケット空港にはデンマークから直接チャーター便が飛び、北欧から大勢観光客が訪れます。それはなぜかというと、自国が寒いから南国への憧れがあるからでしょう。デンマークからプーケットまで飛ぶのと、日本まで飛ぶのと距離的には変わりがありません。ただ日本は、そういうチャーターの受け入れをしていない。あるいは、運賃をつくっていないということです。
定期便は団体割引もあり、運賃の高い人と安い人が同じ席に座っていることになりますが、チャーターは一律で、満席になれば絶対黒字になるし安くできるのです。現在の日本の航空運賃ルールを見直す必要があります。トップシーズンにチャーターはいいやり方です。本来、そのようにして交流人口を増やすことが重要かと思います。

⦿アジアからの超大型船が寄港できる港湾整備を

加えて、ハードの中で重要なのは2つ目の港、港湾です。

東京、横浜、大阪、神戸など大都市の港湾が大型クルーズの寄港地となることです。日本は海の国ですから、クルーズ寄港が増えるのは当然です。

日本人で、マイアミ港やヘルシンキ港など、クルーズの拠点に行ってみたことがある人はなかなかいないでしょうが、そこに行くと大型客船が10隻、20隻と停泊していて壮観です。日本はせいぜい1隻停まっているのを見るくらいです。

いまのクルーズ船はだいたい13～14万トン級が普通になりました。少し前までは10万トン以下が大半でしたが、最近は大型化が進んでいます。超大型客船は橋げたの高さが52mのレインボーブリッジを超えられないなど、ハードルがたくさんあります。

なかでも、中国からのクルーズ船は4000人くらい乗船します。巨大ホテルがひとつまるごと移動しているようです。いずれにしても、世界中から見ても日本は島国だからクルーズが来やすいのに、停泊できる港がないのです。

いまは横浜の大黒埠頭に停めていますが、本来は貨物専用の埠頭です。大阪も南港がありますが、貨物ヤードのような港が多いのです。アジアからの観光客は船で呼んでくるのが一番いいのですが、レインボーブリッジもベイブリッジも海面からの高さが足りず、超大型船は通れないのです。

それとやはり、お客様をお出迎えする港にバスがたくさん停まるのですが、そのためのヤードがない。情けないことです。クルーズビジネスの強化が求められます。

⊙インフラ整備の規準見直しと工程表が必要

その他の交通面のインフラは、高速道路や新幹線を含む鉄道も、十分出来上がっています。コストパフォーマンスを考慮しなくてはいけないので、何でもかんでも高速道路をつくればいいという話にはなりません。

フリーウェイと高速道路は機能が違います。たとえるなら、一般有料道路の小田原厚木道路がいいのか、高速道路の東名がいいのか、という問題です。

地域によっては、高速道路ではなく一般有料道路で十分です。道路整備の方法や基準が違うのです。それから、高速道路は緊急用の電話を1㎞おきに設置しなければなりませんが、携帯電話やスマホが普及した時代には必要でしょうか。時代が変わったのですから、道路のつくり方もコストパフォーマンスがもっと良くなっていいのではないかと思います。

通行量が少ないのにこんな分厚いコンクリートの土台まで必要かどうか。そういうことを含めて、いまやらなくてはいけないことはいくつかあると思います。

また、自転車ロードを整備してはどうでしょうか。40㎞くらいの自転車専用道があれば、オリンピックが終わった後もそこで市民が楽しめます。

郊外や地方ならば自転車道の整備はまだ可能なのですが、都内ではもうつくれません。歩道でマラソンするだけで精一杯です。かろうじて可能なウォーターフロントに自転車ロードをつくってもらうといいのではないかと期待しています。

東京オリンピック・パラリンピックでは繰り上げた政策もたくさんあるのですが、それをいつまでやるのかというタイムスケジュールと工程表がいまだによく見えません。その他の施設の整備や運営体制に関しても、早急に何らかの答えを出す必要があります。

⊙規制緩和すべきもの・規制すべきものを見極める

「明日の日本を支える観光ビジョン」（以下「観光ビジョン」）の中には、「『国立公園』を世界水準の『ナショナルパーク』へ」と提言しています。これもできるだけ規制緩和してもらいたいと思っています。

アメリカでは、ヨセミテやグランドキャニオンのような国立公園では、オートキャンプ場以外でもウィルダネスと呼ばれる自然保護区に限り、許可をとる必要はありますが、手つかずの自然の中でキャンプをすることができ、ルール内であれば火も使えます。日本では、指定されたキャンプ場以外では、キャンプも火の使用も一切許されません。建物の建設にも規制があります。

しかし、自然保護の観点から、エコツーリズムとして整備されたキャンプ場以外の場所でサマーキャンプなどをやらせてもらえれば、子どもたちとしては大きな体験・経験になるのですが、いまそういう行為は全く認められていません。国立公園の自由性が少なすぎます。

当然、自然保護は前提になりますから、サマーキャンプをやるにしても条件はあると思いますが、日本の自然を自分の目で見るという意味では、キャンプの許可が大事だと思います。諸外国は欧米がキャンプに特に熱心で、いまアフリカのボツワナなどは、国立公園の中で宿泊や火器が使えるようにするなど、取り組みが進んでいます。

国立公園の中はシカやカモシカもたくさんいます。狩猟が可能であれば、ジビエ料理を味わうこともできます。もしジビエを正面から取り組むならば、自然と野生動物とのバランスにもっと関心が高まるはずです。

そういう意味で、国立公園の自由裁量性をもたせてもいいのではないかと思います。法律の壁がたくさんあるので、一つずつひも解いていかなくてはなりません。これはインバウンドのためというよりも、日本が観光立国になるためでもあるのです。

「観光ビジョン」の中で、国は観光の先進国になることを謳いました。2030年に6000万人という数字です。確かに先進国になるためには、先進国並みの制度にしなくてはいけない。いま規制されているものを相当緩和しないとできないと思うのです。

その一方、規制しなくてはいけないものもたくさんあるのではないでしょうか。たとえば、景観はもっと規制して守るべきです。

京都市が市の条例で景観法をつくり、四条河原町など市街中心部の立て看板を排除するようになり、電線の地下埋設化も進み、街の景色は相当すっきりしました。また、これは運動論ですが、市の公的な行事の乾杯は常に日本酒で行うことを決めました。

観光ソフトとハードの課題を一緒に取り組む京都はすばらしいと思います。

⦿訪日外国人観光客の利便性向上はフリーWi-Fi整備が絶対条件

訪日外国人観光客が日本で最も不便を感じることが2つあります。Wi-Fiが使えないこととクレジットカードでキャッシングサービスを利用できるATMが少ないことです。それはなぜかというと、この2つがないことによって移動する範囲が狭くなってしまうからです。

なかでも、日本で一番インフラ整備をしなくてはいけないのが、Wi-Fiです。これは個人のインバウンド旅行、大会行事、学術的なカンファレンス、すべてに必要です。

日本に来たらWi-Fiが自由に使えることが、港湾整備より実は大事なことです。アジアの新興国で固定電話を使っている人は少数派です。新興国ほどデジタル化が進んでいるのがこの10年の事実です。

カンファレンス参加者などは、特にスマートフォンとタブレットの2種類を持参する人が多く、会議のときはタブレットで写真を撮ってすぐに自国に送信しているような人もいます。

世界中の先進国で、IT活用が一番遅れているのが日本かもしれません。

そこで、私はセキュリティ対策の施されたフリーWi-Fiを用意し、空港・駅には観光情報コンテンツアプリを多言語対応で入れるようにすればいいと考えます。

これにより、旅行者の利便性は格段に高まります。このインフラ整備をしてくれると、ツーリズム事業者がすごく楽になります。ガイディングのレベルを上げられるからです。

歴史の概略や食べ物の情報など、一般的なガイディングはアプリですませられます。本当のガイドは現地に生活している人や、歴史的なバックグラウンドを知る人が必要です。

先に述べた二条城の建築物としての説明はアプリに記載しておいて、大政奉還に代表される歴史的な説明はアナログの言葉で、ガイドが血の通った説明をすればいいのです。

それが本物のガイドの役割です。

このように、機械化できるガイディングとできないものを選別していくことが大事です。これができれば、ショッピングをするときでも、アプリがあれば日本の魅力的な産物や工芸品の情報を得られて、いろいろな商品を買うようになるでしょう。

◉指紋生体認証技術で決済の電子化が進む

指紋生体認証でクレジットカード決済ができる仕組みも出始めています。ＰＣメーカーのレノボが鎌倉の由比ヶ浜で海の家を営業し、指紋生体認証で食べ物や商品が買える認証システムの実証実験が話題になりました。事前に指紋を登録すれば、水着で手ぶらで行っても大丈夫なのです。

これがもし、インバウンドのお客様が入国のときに指紋を登録して、アプリと決済用のカード番号の承認が得られれば、日本国内の買い物やサービス利用はとても簡便になります。

進化すれば、オリンピックまでの間にある程度のレベルで広がると思います。これを広げるためには、ラグビーワールドカップとオリンピック・パラリンピックが大きなチャンスになります。

このサービスは外国人、特にアジア系の人が先に使うでしょう。スマホやアプリの使いこなしは、東アジアやASEAN諸国の方が欧米人よりスムーズに取り入れています。

また、いまは指紋認証で出入国ができるようになりました。十数年前は指紋を取られるのが犯罪者のようで抵抗感があり、アメリカのイミグレーションで「俺の指紋を何で取るんだ！」とけんか腰の人をよく見たものです。

しかし、いまはそういう時代ではありません。パスポートに登録している内容を新しいアプリに登録すれば、パスポートの確認ができているから、日本滞在中にそこにプリペイドカードのように仮口座があって、自分が現金を入れれば指紋認証の決済で使えるようになります。出国時に精算して帰ることになります。それを国際空港のすべての出国窓口で行えるようになる時代が、そう遠くない未来にきます。

ツアーをつくり売るということにおいては、最終的にインターネットとリアルの整合性が必要になりますが、ひょっとすると旅行者の行動に関しては、すべてデジタル化するのではないかと私は思います。

しかし、これもWi-Fiの整備と無料化が条件になります。

アジアからの観光客はスマホとタブレットをもって行動するのが常識です。情報をデバイスにダウンロードしておけば、駅の表示を多言語化する必要もなくなります。

駅にバーコードを表示しておいて、カメラをかざせばその駅の情報がアプリから出てくる仕組みです。そうすることで初めての旅行客も迷わずにすみ、旅が格段にしやすくなります。日本人の利用者と同じように、スマホで改札が通れればさらに便利でしょう。

このように、旅行者が旅行中にする行動、食事や買い物などの消費行動すべてでデジタルを活用することになります。

日本人がコンビニで1円玉を使わず電子マネーで払っているのは当たり前ですが、旅行者もそれと一緒です。

地方に行けばいくほど、旅行者の決済が不便なことは昔からいわれていました。旅館や食堂でカードが使えないことがしばしばです。

「ランチにクレジットカードは使えません」という店は首都圏でもまだあります。しかし、それは旅行者の利便性を削いでいます。指紋認証の決済で簡便にすめばいい話です。セキュリティをどう確保するかは金融業界の仕事ですが、それが近未来のツーリズムです。

しかし、最後までデジタル化できないリアルな情報や体験は残ります。旅行前の申し込み段階で、インターネットの事前情報だけでは不足します。

現地でお店を選んで入り、お店の人とコミュニケーションしながら料理や商品を決める。このリアルさは必要です。

そして、アプリから出てくる情報には限界があります。もっと高度な説明が聞きたい、自分の疑問に答えてくれる情報がほしい。そういう人なら、現地で生のガイドをお願いするのがいいでしょう。

そのためのガイド料は、たとえば5000円かかってもいい。その代わり、施設や文化遺産の歴史背景、逸話をとくとくと語ってもらうのです。そういう人たちがガイドの価値として認められます。

2019年に実験的に施行して、2020年に本番を迎えられるよう、ぜひ実現したいビジョンです。

◉テロや自然災害などのリスクをどう克服するか

テロの脅威は依然世界中にあり、片や日本は自然災害にしばしばさらされます。大震災が5年に一度も来ているのですから、忘れたころにやってくるどころではありません。しかし、世界に脅威がないところなどひとつもありません。きちんとリスクに対応できる体質を備えるべきです。

災害対策に関して日本人は敏感です。防災用具も準備し避難訓練もよくしています。海外ではこのような災害対策はほとんどしていないでしょう。

テロや銃乱射などの事件により、大規模な音楽祭やフェスティバルが中止になるケースが、主に欧米で相次いでいます。オリンピック・パラリンピック実施時にも、セキュリティを一層しっかりとしておく必要があります。

それと同じくらいのリスクとなるのは、地震などの自然災害です。この面で日本は鍛えているのですが、テロや犯罪リスクへの体力はまだ少し弱いように思います。

ラグビーワールドカップやオリンピック・パラリンピックでは、平和大国日本を脅かすようなことが起きないとも限りません。セキュリティは真剣にやらなくてはいけないでしょう。これらの対策がないと、私たちツーリズム従事者は仕事ができません。

インバウンドのお客様に向けて日本の伝統文化の価値をしっかり伝達することをやりつつ、リスクを管理していくべきです。安全は絶対とはいえません。ただし、安心は努力で提供できます。

旅行なら保険に入る、添乗員が付くツアーに行く、現地で安心できる旅行代理店に頼むなど、自分で選択しながら安心を二重、三重構造にできます。

現地に行けば必ず現地係員の話を聞くなど、リスク回避のための管理ができます。

⊙旅行会社の役割は　企画力×提案力×あっせん力×添乗力＝現場力

先日、成田空港で旅行者へインタビューした映像がＴＶで放映され、そのとき「いや、うちは大丈夫ですよ。ツアーで行きますし、添乗員が付きますから」という旅行者の声を聞きました。たいへんありがたい話です。

要するに、添乗員はゴルフのキャディと同じで、付けても付けなくてもいい存在です。しかし、添乗員はプロです。熟練のキャディは的確にラインも読むしクラブも選定します。優秀な添乗員は、お客様一人ひとりに対して価値を提供することが重要です。

私は「企画力×提案力×あっせん力×添乗力＝現場力」ということを打ち出して、JATAの会長として2015年6月の総会で発信しましたが、それには真意があります。

企画力や提案力はともかく、あっせん力はなかなか外に見えません。添乗力はツアー中、外に見えてくる力です。しかし、旅行前は見えないものです。添乗員が付くツアー内容を見て「別に添乗員は要らない」と思う人は結構います。

安全・安心でいえば、添乗員は「安心マーク」です。旅行会社に相談するメリットはそこにあります。安全はお金で買えませんが、安心は買えます。

日本に来るお客様・日本から出るお客様双方に、安心のレベルを上げてリスク管理をすることが可能です。

安全・安心は完璧には保障されていないけど、日本はかなりのレベルで達成できています。しかし、それは必要条件であり、十分条件ではありません。

フランスのテロの後、最初は旅行を取りやめる観光客は多かったのですが、しばらくするとフランスへの観光客は、中国人、韓国人、東南アジア人も含めて、世界から戻っていきました。

しかし、日本人だけはなかなか数字が回復しないというのです。ニューヨークの9・11のときも同じような状況になりました。日本人だけが回復せずに来ない。バリ島の場合もそうです。いつも観光の国際会議になるとそれを指摘されます。これは実際に、2016年ダラスでのWTTC大会の観光大臣級会議の席である政府関係者にいわれたことなのですが、私はその政府関係者に「日本人は安全に対して非常にセンシティブな国です。他国の安全・安心に関しても非常に関心が高い。そういう国民ですから、日本人が行くところは安全・安心です」と返しました。

私は、日本人が臆病だと思われるのが嫌でした。「もし日本人観光客を呼び戻すのであれば、そういう態勢をつくっていただくことと、日本人が行けばそこは安心だと世界にアピールしていただいても結構です」と申し上げました。その話は納得してもらえました。

逆にいえば、3・11東日本大震災で、日本人は暴動も起こさずしっかりと耐えた国民です。忍耐強い精神をもっていますが、いまはそれを払しょくして復興復活に専念しています。ある意味ではそれがプラスでもありマイナスでもあるのですが、私は世界がこのような状況なら日本人がもっている良さをメリットとして発言していくべきではないかと思います。

臆病と紙一重と思われるかもしれませんが、臆病ではなくて、非常に安全を考えている国民であると主張できます。これからは日本人のもっているポテンシャルとして、おもてなしと同じように真剣に考えていきたいと思っています。

⦿隠れたリスク「気象」と「風評」

気象庁とツーリズムの連動もいまのテーマとなっています。

桜の開花や紅葉情報などは特に重要で、予報がいい加減だと1週間や2週間見ごろの時期からずれてしまうことがあり、ツーリズム産業には死活問題です。

桜の開花が予想より2週間遅れては、キャンセルが相次ぎ、バスをチャーターしていた旅行会社が大赤字ということになりかねません。

JATAの現事務局長が近畿日本ツーリストに在職していたころ、民間の気象会社に桜の木の標準木を用意してもらい、200本以上設置したそうです。

そうすると、気象庁発表より開花宣言が早くわかるようになりました。気象庁は、東京の場合、靖国神社の標本木を基準にしていますが、旅行会社はもっと細かく知りたいのです。

雨が降って屋外球場の試合があるかどうかが、お弁当屋さんにとって大事な気象情報であるのと同様です。

もうひとつ、怖いのが風評被害です。

長崎の普賢岳が爆発したとき、「雲仙普賢岳」と報道されたことで、雲仙温泉の宿泊者が激減し、ダメージの回復に相当の時間を要しました。

阪神淡路大震災を「関西大震災」、「近畿地方大震災」といい出して、関西地方への客足が遠のいたこともあります。最近では箱根の大涌谷の噴煙です。

実際は一部のエリアなのに、箱根全体が被害に遭ったようなイメージが植え付けられ、観光客は激減しました。私が福井に講演に行ったとき、「もう箱根には行かない」という人がいて驚きました。

2016年の熊本地震は激甚災害指定地域があり、広域の名前を付けるべきという人もいました。しかし、「中九州震災」といわれたらたまりません。九州中部全体が危険なイメージが生まれます。「熊本大分地震」も勘弁してくれと思いました。

こういうことで風評被害が広域に起きてしまいます。こういうものも危機管理・リスク管理のひとつです。

⦿首都圏・関西で不足する宿泊施設の供給問題

2020年に国の目標どおりに外国人旅行者が訪れた場合、東京都内では、宿泊施設の不足が需要全体の2割を超えるおそれがあるという試算を日本政策投資銀行がまとめました。一人が2泊した場合を「延べ2人」と計算すると、2020年には年間に延べ1880万人分の宿泊施設が不足するおそれがあり、これは旅行者による需要全体の23％にあたるとしています。

ただし、これはいま新たな宿泊形態として注目される「民泊」を除いた数字です。

歴史をたどれば、日本の宿泊施設は旅館が基本です。江戸には温泉がなかったので、旅籠は江戸時代それほどなく、街道筋において発展しました。郊外の品川宿には宿屋はたくさんありました。日本の宿泊施設は、街道筋の宿屋から始まっています。

そして、明治維新後に西洋からホテルという新しい宿泊施設が入ってきました。日本のホテルの歴史は150年くらいしかたっていませんが、温泉旅館の中には開業300年、500年という宿もあります。それが日本の宿泊施設の歴史です。

明治から昭和までの間で、ホテル産業の最初のイベントは東京オリンピックでした。それに合わせてできたホテルがホテルニューオータニやホテルオークラ東京であり、帝国ホテルも改装しました。オリンピックは富裕層が来るイベントだったので、シティホテルがまずできました。

その後、日本も経済発展し、富裕層向け高級ホテルだけでなく、商用客が宿泊するシングルルーム主体のビジネスホテルができました。

もともと、ビジネスホテルという言葉は英語にはないのです。私の国内旅行部時代に、JTBではビジネスホテルを「パーソナルホテル」、シティホテルを「ハーモニーホテル」と呼称していました。

以前、ホテルの料金システムはルームチャージだけでした。食事を付けるというシステムはなく、ホテルのレストランは宿泊者だけでなく外から来る人も食事ができます。朝食も外から食べに来る人がいます。いずれにしても、そういうホテルが多かったので、ビジネスホテルかシティホテルという文化が都市部にできました。

いま、一番足りないホテルの種類は何かというと、パリ、ロンドン、ニューヨークなどのメジャーな都市と比べて明らかなのは、長期滞在型のホテル、つまりアパートメントホテルがないことです。日本人のライフスタイルの中に、都市部に長期滞在する理由がなかったからです。なぜなら、以前の日本人の旅行は温泉地観光が主体でした。その後テーマパークなどができますが、基本は温泉地です。箱根や鬼怒川はそれで一大観光地となりました。都市部に1週間も10日も泊まろうという発想がないのです。都市型観光といわれるのはこの20年間くらいです。80年代に入って東京ディズニーランドができてから首都圏の宿泊需要はできましたが、それでも1泊2日です。都市に1週間泊まって楽しむという発想は日本人にありません。

しかし、外国人にはそのような需要があります。帝国ホテルやホテルオークラにも、滞在客向けにキッチンが付いたレジデンシャルルームが何部屋かあります。

富裕層や企業のエグゼクティブが商用で1カ月滞在するなどのかたちで利用します。いずれにしてもそういうタイプのホテルは不足しており、宿泊施設の種類が少ないのが現状です。

ロンドンなら普通のシティホテルもあれば日本のビジネスホテルのような宿、あるいは古い館をホテルに変えたような、タウンハウスやマナーハウス、ホステル、ユースホステルもあります。ホステルはそもそも、大きな館を改装してホテルにしたものです。

いま、空いている部屋を民泊として営業しようという動きもたくさん出ています。日本の都市部に住む市民は都市部での長期滞在型の観光や旅行の発想はあまりなく、むしろ農家の方は農閑期に湯治場に身体を休めに行きます。都市部では唯一、京都の祇園祭に宿泊客が1週間滞在することはありますが、東京は全くありません。

以前は東京にもたくさん旅館がありました。修学旅行の学生が泊まるためです。文京区の本郷辺りにそのような旅館が点在していましたが、いまはかなり減っています。その役割はビジネスホテルが取って替わり、かつての旅館はマンションになりました。

2020年に向けて、宿泊施設が足りないのは現実です。これから、ますます多様なパターンに応じた宿泊施設が必要になるでしょう。

◉「旅館」にアジアからの旅行客が泊まらない理由

いま首都圏のホテルの稼働率が85％以上で、大都市はほぼ満室状態です。しかし、旅館はまだ全国では40％以下です。なぜかというと、アジアから8割以上の人が来ますが、アジアの人はほとんどベッドで寝る生活で、布団に寝たことがないのです。

加賀屋は唯一、台湾の方にとって畳の旅館として人気があります。イベントで台湾の人を最初に受け入れたときは大変だったらしいです。浴衣の着方、風呂の入り方、布団の寝方……。コツコツと日本の旅館文化を伝えて、その価値を知っていただき、いまや台湾の北投温泉に加賀屋ができるまで評価を受けたのです。

台湾の人は、このように日本文化に馴染みがありますが、それ以外のアジア人は畳の上に敷かれた寝具に寝たことがなく戸惑います。欧米人も畳に寝る習慣はありませんが、日本に旅行に来て畳の上の布団に寝ることが文化の共有だと思っています。

その国の文化を知るためには、郷に入ったら郷に従え。そこが、観光先進国に住む人々の対応です。ヨーロッパに行ったときは、大きな鍵がガチャガチャいってなかなか閉まらず、固いベッドが備え付けてあるような田舎の屋敷に泊まることがありますが、それは「イン」というヨーロッパ流の旅館です。

フランスの田舎にある食事つきのオーベルジュも、そんな部屋ばかりです。日本人もそれを文化体験だと思って、ヨーロッパ旅行を楽しみます。しかし、アジアの人々にとって、日本の布団はまだ抵抗感があるのです。

東京の谷中に、「澤の屋」という外国人に人気の旅館があります。ここもよく泊まるのは欧米人だけです。アジア人が多いときにはベッドがなければだめだとすると、畳部屋の旅館に泊まるよりベッドが付いたビルやマンションの民泊のほうがいいということになるのでしょう。

しかし、これが旅館の意識不足を表しています。旅人の要望を知らないのです。私たち旅行業者はアジアに何十年も行っていますが、床に寝る習慣は韓国のオンドルだけです。中国は貧しいところも豊かなところも全部ベッドでした。

そういう意味で、これから日本の旅館は、たとえば50室あったら25室はベッドを入れるなど工夫してほしいものです。10畳なら布団だと5人泊まれるのに、ベッドだと2つしか入れられない。旅館の料金の仕組みは人数当たりの金額でルームチャージではありません。このままでは1部屋当たりの売り上げが下がり、そのうえ設備投資が必要だから、二の足を踏むのでしょう。

私は旅館の文化の中で、室内で夕食を楽しむという1泊2食のシステムは否定しませんし、コストパフォーマンス的にもよいのでしょうが、これからは泊食分離を進め、ベッドを入れないとアジアのお客様は満足させられないのではないかと危惧しています。

もともと和洋室があればいいのですが、アジアから来た宿泊客はなかなか高級旅館には泊まりません。

旅館が部屋を改装してベッドを入れるにはコストがかかります。そのコストのための支援を国や地方自治体がするか、あるいは優遇措置として助成や融資をしてあげないと、旅館側はなかなか受け入れられないでしょう。

意識があっても、わざわざ50の部屋のうち半分をベッドルームにするとしたら、相当勇気がいるでしょう。これらの壁を一つひとつ取り除くためには、今後もこのような議論をしていく必要があります。

⦿一刻も早く課題解決に取り組み、スピードアップを図る

日本のインバウンド観光にはさまざまな課題があります。

これまで挙げたように、国を挙げた政策や取り組みの問題、言語と人の意識の壁、ビザ解禁

を含む法律の壁、Wi-Fi環境・交通手段・ATM等インフラの壁、国立公園規制の壁、空港整備、港湾整備等の問題、航空運賃の高さ、ホテル、旅館の受け入れ準備不足……数限りなくやるべきことはあります。

国はビザの解禁を進めてきました。世界ではテロの心配がありますが、日本は十分対応できる国であると信じています。

そういう意味では、フランスやイギリスは観光客受け入れの課題や障壁に対して一つひとつ、半世紀前から考えて対策してきました。

ここまで述べてきたソフトのインフラ整備がちゃんとされていけば、空港整備などハード面はおのずから解決していくような気がしています。

いままで日本に外圧がなかったので、日本人の旅行だけを対象にしていたのですが、これから外圧を受けるはずです。外国から日本にたくさん訪日客が来て、インバウンド4000万人時代になると、自国に帰って日本の評価をすると思います。

そのような視点からすると、日本は2007年に観光立国推進基本法が施行されて10年ですから、まだ焦ることはないという人もいるのですが、昔の感覚で10年、20年かかっていると、情報技術革新のスピードはそれをはるかに上回りますから、やはり3倍速、5倍速でやらなければならないでしょう。

オリンピックまでの時間軸の間にできるところまでやり、それでもやり残した課題を考えると、整備には10年はかかると思います。

以前は50年かかっていたものは10年でやらなければなりません。そのくらいのスピードアップが必要になります。

だからこそ、早く議論をスタートしてほしいと思うのです。

第3章

旅行代理業からの脱却

ツーリズム産業は旅の「5つの力」を発信せよ

日本を元気にする地方創生と交流文化

◉若者がふるさと創生のけん引役になるために

青森県南部町が、地方創生の一環として、テレビバラエティ番組の「DASH村」にちなんで「達者村」をつくったことを、皆さんはご存知でしょうか。三村申吾知事の肝いりで、2004年度から始めたプロジェクトです。

青森県の農林水産業と観光を結びつけた「あおもりツーリズム」のモデル事業となり、2005年10月9日にバーチャル・ビレッジ（擬似農村）として開村しました。

そのプロジェクトメンバーが10人いますが、私のほか、JR東日本の方や日本政策投資銀行の方、交通新聞社の方など、旅に詳しいメンバーが集まって一緒に取り組みました。

最初の会合で話してほしいといわれました。もう10年以上前ですが、集められたのは私と同年代かそれより上の人ばかり。

これからの観光やツーリズムを通じて街をどうするかという課題です。

南部町はもともと農家民泊を実践していた地域です。にんにくの産地ですが、「町に若い人はいるのですか」と聞きました。農業高校があるというので、地元にお願いして校内に「ふるさとチーム」をつくってもらいました。農家民泊プログラムには修学旅行生もやってきます。お年寄りの農家と交流するばかりでなく、地元の高校生との交流を企画しました。

しかし、若い高校生もいずれ町を出ていく人が少なくありません。最後は地元に戻ってきてもらいたいという思いがあります。地方都市の創生の最大の課題は、地元の若者が大学を卒業した後に戻る受け皿がなく、結局東京や大阪の企業に勤めてしまうことです。

これを戻す力がツーリズムにあればいいのではないかと考え、達者村にも若者の受け皿を期待しました。その取り組みのおかげで、南部町に戻ってふるさと創生を始めた若者もいます。そのような循環作用が大事なのです。

その学校は青森県立名久井農業高校といい、なんと全国高等学校観光選手権（2015年まで は「観光甲子園・全国高校生観光プランコンテスト」）で、2013年に特別賞、2015年には最高賞の文部科学大臣賞、2016年金賞を獲得し、今年の2017年は「青森相撲王国探訪記」でグランプリを獲得しました。いまや観光選手権の常連校として、観光への取り組みに対して非常に熱心な実力校となりました。

通称「観光甲子園」といわれるこの大会は、観光をテーマに高校生がフィールドワークや地域住民のヒアリングで見つけた地域の観光資源を、オリジナルの「体験型観光プログラム」に仕立てて、企画を競い合う全国大会です。

２０１５年から、私は福井県で「ふるさと先生」という県の教育プログラムで講師を務めています。訪問した学校は福井商業高校と奥越明成高校、そして敦賀高校と敦賀工業高校です。「地元を観光によって活性化しよう」というテーマについて、高校生に考えてもらう機会をいただいていますが、地元をあらためて勉強するこの取り組みは、貴重かつ重要なことで、非常に素晴らしいことだと思います。

若者がどうしたら地元へ戻ってくるか？　どうしたら地元を活性化してもらえるか？　大人の側が若者が活躍できる環境をつくるために知恵を絞る必要があります。

高校生は非常に純粋で、心が透き通っていて将来が楽しみです。多くの高校生にツーリズムについて関心をもってもらえれば非常に嬉しく思います。

その中の１校、奥越明成高校は、全国高校観光選手権２０１５年に準グランプリを、そして大会名称が変わった２０１６年、２０１７年は連続して銀賞を受賞するという快挙を遂げました。

昔の商店主は商業高校出身者が多くいます。

伊勢佐木町商店街もＹ校（横浜商業高校）出身者が多いと聞きます。そういう人たちが商店街の活性化をしなくてはいけない。地方の市民講座にもよく呼ばれますが、もう少し若い人が参加しないものかと思っています。

先般、私の本籍がある福井でシンポジウムをする機会があり、講演後、福井県議が質問してきました。「福井のキラーコンテンツはなんですか」というのです。私は「それは学びしかありません」と答えました。

日本の学校教育の中ですごいと思うのは、「教育旅行」です。この仕組みは世界にはあまりありません。これは日本にいると当たり前ですが、他国から見ると実に画期的に映るようです。単なる修学旅行でなく、教育旅行のカリキュラムです。

このプログラムをずっと日本で実践してきたのが旅行会社です。私学は学校のアピールにもつなげるためにいろいろなカリキュラムを旅行会社が提案してきたのですが、修学旅行は15年くらい前から教育旅行というようになりました。

いま、福井は地方創生について、伊藤忠商事の小林栄三会長はじめ、地元出身の方々が参加して議論していますが、このような取り組みを各県が実践すればいいのではないか、と思います。

福井は学ぶことに対して神経が細やかです。福井では中学・高校受験のための塾はありません。すべて学校の中で受験対策をするくらい教育熱心です。

小中学校の全国の学力テストは、最近常に秋田県が1位になりますが、福井県も2位に迫っています。福井は遡ると松平春嶽公や橋本左内の教えがあり、勉学について貪欲な風土があります。しかし、優秀な人材は戻っていないのです。地方を創生するには、やはり人が戻ってくる仕組みをつくらなくてはいけません。

いままではその役目を大企業の工場での新卒採用が担っていたかもしれません。それをツーリズムが代わってできるかということが問われています。それは旅行会社に勤めることではありません。

地方自治体の地域振興課でもいいし、地元の土産店や物産館でもいい。すべてをツーリズムで考えるという癖をつければどんどん可能性が広がります。いずれにせよ若者がいないと日本経済も地域も良くならないことははっきりしています。

ところが、このような市民講座に集まってくる人の7~8割が私より年齢が上です。地元を良くしようとかもっと知ろうという意欲は素晴らしいものがあります。

それをどうやって地方創生や地域活性化につなげるかはまた別の課題です。若い市民が参加しないとツーリズムは前に進まないと思います。

⦿旅の5つの力

ここで、地方創生に密接にかかわる、「旅の5つの力」を説明しましょう。

このコンセプトを最初に打ち出したのはＪＡＴＡ（日本旅行業協会）で、２００７年のことです。発表当初はこの考え方を世の中に示しただけで終わってしまったのですが、私がＪＴＢ社長になったときに、このキーワードをＪＴＢとして発信していいか、ＪＡＴＡに打診したのです。

社長の後、会長になる期間も含めて長い間、「旅の5つの力」をＪＴＢのトップが使うほうがいいとＪＡＴＡ側も判断したのでしょう。

私が発案したように思われていますが、そうではなく、２００７年に観光立国推進基本法が施行され、２００８年に観光庁が発足されるという流れを受けて、ＪＡＴＡが観光立国に力を入れることになったことが発端です。

その前の２００３年には、小泉元首相がビジット・ジャパンを打ち出したという動きもありました。その中で「旅の５つの力」というコンセプトを提示したわけです。

当時はＪＡＴＡの海外旅行委員会で「旅の５つの力」を立案したのですが、ＪＴＢ社長のと

図表15　旅の5つの力

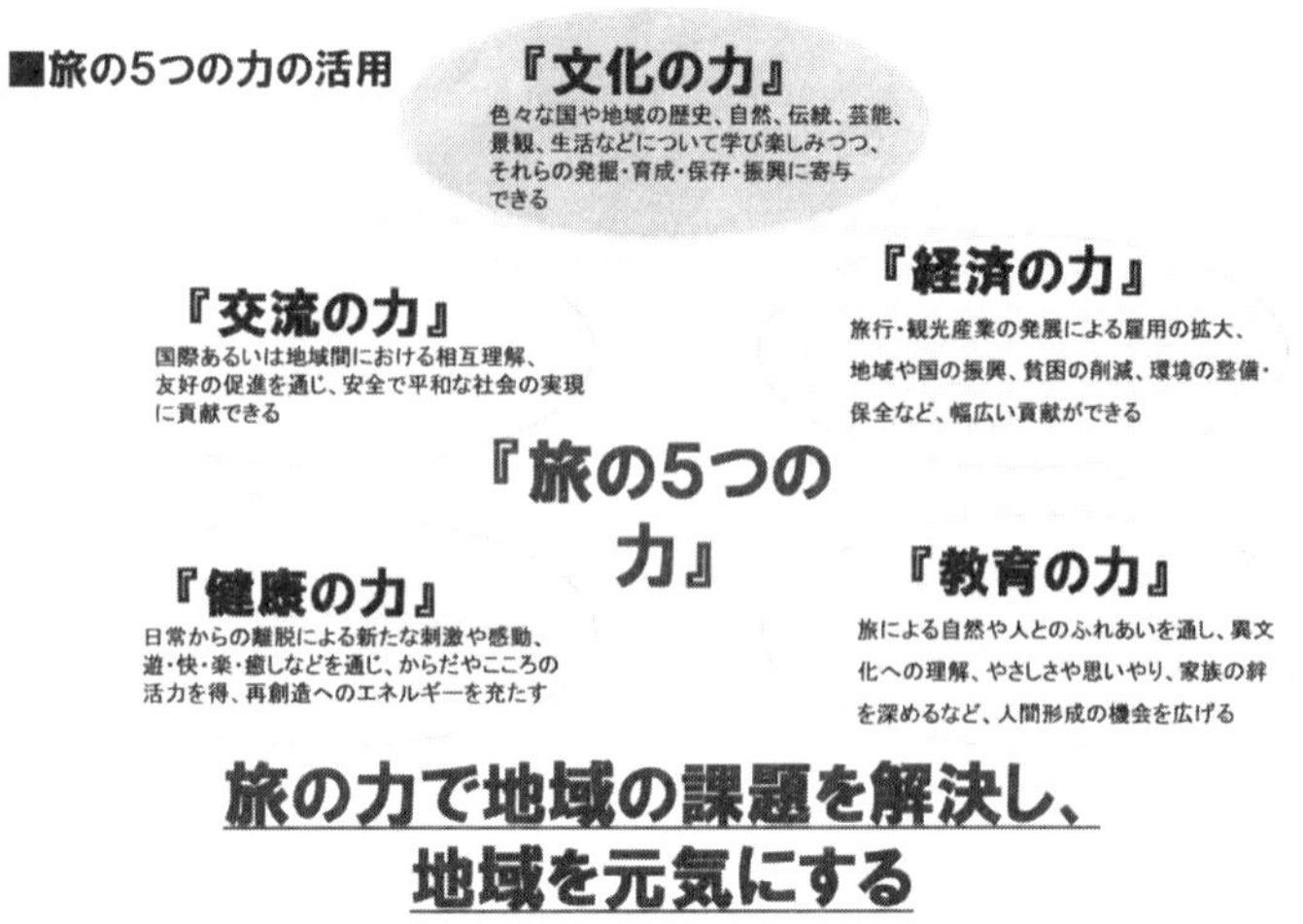
■旅の5つの力の活用
『文化の力』
色々な国や地域の歴史、自然、伝統、芸能、景観、生活などについて学び楽しみつつ、それらの発掘・育成・保存・振興に寄与できる
『経済の力』
旅行・観光産業の発展による雇用の拡大、地域や国の振興、貧困の削減、環境の整備・保全など、幅広い貢献ができる
『交流の力』
国際あるいは地域間における相互理解、友好の促進を通じ、安全で平和な社会の実現に貢献できる
『旅の5つの力』
『健康の力』
日常からの離脱による新たな刺激や感動、遊・快・楽・癒しなどを通じ、からだやこころの活力を得、再創造へのエネルギーを充たす
『教育の力』
旅による自然や人とのふれあいを通し、異文化への理解、やさしさや思いやり、家族の絆を深めるなど、人間形成の機会を広げる
旅の力で地域の課題を解決し、
地域を元気にする

出所：JTB

きに私がＪＡＴＡ副会長になって、このキーワードがＪＡＴＡからの発信だけではもったいないと感じたのです。

もともと交流文化事業という新しい言葉を使う前に、私の持論がベースにありました。

入社当時、私は旅行会社に入ったつもりはありませんでした。当時、大阪万博で人の流れが大きく動いて行く様子を見て、楽しそうだなと思い、この会社に入りました。

人の移動にまつわる仕事をしてみたいと志したのです。自分で旅行商品をつくって売りたいとか、自分の旅行の具現化をしたいとか、そういうつもりはありませんでした。

旅行は自分が経験するものです。それを

他人に示して売るものなのかという思いがありました。そうではなく、ただ人を動かすということに興味関心があったのです。

私は大学で交通論を専攻し、交通経済学を卒論のテーマとし、人流と物流、つまり人の移動や物を動かすことを研究していました。

物を動かすのは物流、お金を動かすことは金流、人を動かすことは人流です。

わかりやすくいえば、人流とは「交流」です。そして、私たちＪＴＢの事業も、総合旅行業から交流文化事業に変えようと決意しました。前会長の佐々木隆さんの代にいい始めたのですが、そのときのキーワードは、人がたくさん交流するとそこに文化が生まれる、というものです。いろいろな土地で文化が生まれる、それを生業にしていこうというわけです。

社長になったときに、交流文化事業をＪＴＢのドメインにすることを打ち出して、「旅」はその一部と定義しました。

いまはそれらの議論の中で新しい事業ドメインをつくり上げている過程です。

旅の５つの力の定義をあらためて見てみましょう。

①　文化の力

いろいろな国や地域の歴史、自然、伝統、芸能、景観、生活などについて学び楽しみつつ、それらの発掘・育成・保存・振興に寄与できる。

② 経済の力

旅行・観光産業の発展による雇用の拡大、地域や国の振興、貧困の削減、環境の整備・保全など、幅広い貢献ができる。

③ 教育の力

旅による自然や人とのふれあいを通し、異文化への理解、やさしさや思いやり、家族の絆を深めるなど、人間形成の機会を広げる。

④ 健康の力

日常からの離脱による新たな刺激や感動、遊・快・楽・癒しなどを通じ、からだやこころの活力を得、再創造へのエネルギーを充たす。

⑤ 交流の力

国際あるいは地域間における相互理解、友好の促進を通じ、安全で平和な社会の実現に貢献できる。

◉地方文化を発掘し、交流と活性化につなげる「杜の賑い」

交流文化事業と関連するものとして、ＪＴＢは「杜の賑い」という取り組みを35年も続けてきました。すでに130回開催しています。創業70周年の記念事業としてスタートし、私がグループリーダー職（係長）時代に先輩の方々と企画立案したものです。

「地域に埋もれた祭りや芸能を発掘し、旅の中で楽しんでいただく」をコンセプトに、郷土の伝統芸能を一堂に集めたJTBグループのオリジナルイベントです。

1982年の第1回「和倉」から始まり、全国各地に新しい旅行需要を創出しながら、地域観光の活性化に貢献してきました。

自治体、観光系機関との連携を拡大し、近年では伝統文化の保護育成、若者たちの創作芸能への芸術支援など、地域活性化事業としての色彩を濃くしながら、全国各地で開催しています。

杜の賑いは、特に沖縄で好評を博すイベントとなり、地域の伝統芸能をずっと紹介してきました。JTBとしても沖縄の地域交流や観光振興に深くかかわっています。

これは、15年にわたる経緯があります。いままで沖縄は、基地があるというだけで、各種の事件により風評被害を受けてきました。

2001年の9・11のNYテロ直後、沖縄の観光はあっという間に大打撃を受け、90％もの旅行予約が取り消されました。10月から12月までは惨憺たる状況でした。

その年の11月、当時知事だった稲嶺恵一さんに知事室に呼ばれて話したことがありました。

風評被害を払しょくするにはどうすればいいかという相談でした。当時は風評被害などという言葉もなかった時代です。

２００１年はすでに沖縄で1月に「杜の賑い」を実施していましたが、思いきって翌年1月は拡大して実施することにしました。１日公演を2日間に伸ばし、４回実施することに決めたわけです。

コンベンションホールは約２５００人収容できます。４回公演すれば1万人を呼び込めます。そのようにして沖縄観光復活大作戦を展開しました。

このイベントは地元と密着して行います。沖縄では「涙そうそう」で知られる地元出身の歌手、夏川りみさんにもご協力いただきました。

いろんな人が混じり合うと新しい文化が生まれてきます。

杜の賑いは当初、伝統芸能をベースに舞台芸術を展開していただけですが、いまは会場の周りに特産品の売店や飲食コーナーを設け、また沖縄では八重山の桜が日本で一番先に咲くことから、桜祭りも楽しめます。実は、沖縄では１９８３年以降毎年開催し、35年を経過しました。

2日間にわたって開催した２００２年は飛行機の座席数が足りず、沖縄へ臨時便を飛ばしました。当時、日本の各地から沖縄に飛ぶ便はそれほど多くなかったのです。この臨時便を合わせた数がいまの定期便と同じくらいでしょう。

東京・大阪・福岡・名古屋などから1万人が訪れました。これは沖縄在住の観客は含まれていません。国内線仕様のジャンボ機が500席くらいしかありませんから、その数の多さがおわかりになるでしょう。それが経済効果です。

人が動き交流すると新しい文化が生まれたり、新しい消費が生まれたりします。交流によって地域が元気になるのです。

⊙旅はレジャーだけでなく「学び」の機会となる

「教育の力」とは、教育旅行だけを指しているのではありません。

旅がもつ教育の力を表しています。人生は旅、旅は人生にたとえられますが、旅自体から学ぶことは多くあります。旅にはそういう力があります。物見遊山だけではなく、体験・経験も含めます。本当は、旅の力というより「ツーリズムの力」と表現したほうがいいでしょう。

ところが、日本人には「ツーリズム」と「観光」と「旅」の違いを区分けして話すことが難しい。観光というとレジャーだと思います。旅もレジャーという要素を感じます。ツーリズムはビジネス・トリップも含め、すべての人の移動や動きを表すイズム（＝主義）です。ツーリズムには社会的役割が入ります。

日本ではその認識が混沌としているから、観光と旅、といいます。観光とは国の光を観ること易経には出てきます。しかし、国の光はレジャーではありません。経済力のすべてが国の光といえます。経済、人心、文化、教育、これらすべてが国の光のはずです。

観光というと観光旅行という、レジャーマーケットのようです。私たちの会社は創業106年も経っていますが、戦前・戦中・戦後としばらくは富裕層戦略しかとっていませんでした。つまり、以前はお金もちしか旅行に行っていなかったわけです。戦後も昭和30年代後半までは、観光旅行、レジャー旅行に行けるのはお金持ちです。

一般大衆が観光旅行を楽しむようになったのは、万博を経て、ディスカバージャパンのキャンペーンが始まったころで、昭和50年代後半になってようやく大衆化しました。

しかし、この大衆化したときのスピードが、日本は異常なくらい速かったのです。1億2000万人の国民がいて中流社会をつくり上げたのですから、消費の勢いはものすごいものがありました。

先日も福井で講演をしましたが「ロンドン・パリ・ローマのいずれかに行ったことがある人は？」と聞くと、聴衆の8割くらいが手を挙げました。地方都市でさえこうですから、こんな国は世界中でも稀です。

しかし、大衆化によって、観光はレジャーマーケットだという共通認識をつくり上げました。そこで教育旅行だといっても、一般大衆はピンとこないのです。教育旅行とは、旅を通じて受ける教育です。温泉旅行に行ったときは癒されるだけでなく、この温泉は単純泉だったかな、硫黄泉だったかなと考えたり、土地のおいしい物を食べて、その土地の文化を知ったりします。

個人の人生だって日々の中に大きな勉強の1ページがあります。そのひとつが旅ですが、旅は理屈の世界ではないので、旅に出て「ああ面白かった。終わり」が普通でしょう。

しかし、振り返って旅の日記を付けている人がいるとしたら、その旅の1ページにはすごいことが書いてあるはずです。

日記を付けている人は、10年前の日記を読んだら「そうか、いまは何もない日常だけど、あのときはあそこに行って感動したんだ」ということがたくさんある。

それがその人の人生の糧になっているとすれば、それはその人にとって旅は教育であり、学びであるわけです。

ふるさと創生のために、中学生や高校生の教育旅行は大きな意義があります。それにもまして小学生の旅は大事です。旅から得られるものがたくさんあると思います。それが教育です。

⦿旅で健康を取り戻し、休み方と働き方を改革する

「健康の力」は、ヘルスツーリズムであり、湯治などがこれにあたります。

江戸時代から湯治場はずっとありました。温泉文化はそこからできて、農閑期に農民が身体をいたわるために湯治場に行っていました。まさに、こういうものが旅だったのです。

身体の健康に加えて、精神的な健康が重要です。旅の力として「転地効果」が医学的にも立証されています。こころがうきうきしたり感動したり、リラックスして癒されたりするという効果があります。健康になるために旅をするわけです。

しかし、戦後から昭和30～40年代は、日本はモノづくり国家の道を邁進し、猛烈に働くことがよいことだという価値観のもと、休むことが罪だと考えてきました。そして、日本人は休み方を忘れてしまいました。

安倍首相の国家戦略の中に、働き方・休み方改革というテーマが入りました。２０１６年９月には首相官邸で第１回の「働き方改革実現会議」が開かれ、日本人の雇用問題やワークスタイルについて９つの視点から改革を探る取り組みが始まっています。

なかでも、求められているのは労働時間の短縮です。

「明日の日本を支える観光ビジョン」キーワードの中にも、「『働き方』と『休み方』を改革

し、躍動感あふれる社会を実現」とあります。

私は余暇という言葉が嫌いです。「余った暇」という表現は良くない。余暇とは、仕事を離れて自分勝手に使える時間＝いわゆる「ひま」ということです。働いている限り余暇はないのです。

一方、休暇は仕事などを休むことです。英語でいうとholiday, vacationです。旅もtravel, tour, journeyといろいろな言葉があります。

それに比べて、日本は旅に関するボキャブラリーが不足しています。


日本人が旅に行くときは、短い休みの間を縫っていくという行動になり、旅に出かけてもあまり健康になっていないように見えます。

せっかく旅の時間の中に健康というキーワードがあるのに、本当に健康になるなら、やはり3日から1週間しっかり休むのがいいのですが、日本人はせわしない。ずっと働くことが美学だった国民にとって、健康を旅の目的にすることが苦手なのでしょう。

ぜひ、1年間に3回くらい温泉地に泊まってください。散歩して、温泉に入って、おいしいものを食べて、テレビも新聞もネットもスマホも止めるのです。

先般、星野リゾートのホテルが竹富島に開業しましたが、ここはテレビを置いていないのですね。旅は外と断絶すれば健康になるのですが、あまりに何もないと日本人は精神的に不安になるかもしれません。

そのような意味では、21世紀にワーク・ライフ・バランスをよりよくして人生の旅を続けていくためには、健康の力をどう取り入れていくのかが大事です。

単なるヘルスツーリズムだけではなく、私たちも働き方・休み方の改革を含めた問題に向き合っていかなくてはならないと思います。

⊙ツーリズムが経済振興につながるための条件

「文化の力」、「教育の力」、「健康の力」、「交流の力」の4つが集まると、初めて「経済の力」になります。経済の指標がないと4つの力は数値化できません。

経済は最終的には経済力にしないといけない。これも日本的な事情だと思います。

欧米ではツーリズム力で通用していますが、日本の場合は「ツーリズムによる経済力」といわないと、なかなか一般の人はピンときてくれません。モノづくり国家として繁栄した時代が長かったからです。日本はおもてなしという言葉は大事にしますが、定性的なポテンシャルは、なかなか評価の対象にはしていません。

ツーリズムがGDPに占める割合は、世界的には10％程度に上りますが、日本はまだ5～6

%しかありません。これを引き上げるには労働力も必要です。そういう意味で、ツーリズムには地元に戻って働くという雇用力の引き上げが期待できます。

ツーリズム産業が豊かになれば、働く場所がたくさんできます。ホテルが1軒建てば、かなりの人数を雇用できます。

このように、「旅の力」を社会としてどう実現していくかが、ツーリズムの振興を左右します。旅の力を社会でうまく実現していけば産業化できます。

残念ながら、日本ではまだツーリズムが社会に認知されていないので、やはり旅は日常と非日常の線引きをされてしまうのです。旅は非日常だから、私はとても忙しくて旅に行けませんと、切り捨てられる選択肢にされてしまいます。

しかし、欧米ではそんなことはありません。休暇や旅は仕事と対立する事項ではなく、人生の中で連続性をもっています。日本では、仕事が人生で旅は余暇と考えている人が少なくありません。この国民の意識と感覚を変えないと、地方創生は難しいと私は考えます。

市民が参加しないと地方のツーリズムは良くなりません。外国人が来ても歓迎しないとか、観光客に対する受容度が低いといわれてしまいます。

ツーリズムがどのように日本の産業論につながっていくのか。その前に社会論としてきちんと伝えられて、一般国民に理解されたうえで、私たち事業者がどういう商品や物を提供していくのか。そういうベースがあれば、ツーリズムは大きく発展していきます。

日本から行く海外旅行客は、1970年代は100万人台でしたが、90年代に入って間もなく1000万人を超えて、95年以降から1600万人台の前後を上下しています。

ビジネス・トリップも入っているので一概にはいえませんが、戦後一挙に、アメリカを中心に海外の文化が伝播されるとともに、国民の海外旅行に対する夢みたいなものが芽生え、一生に一度は海外旅行に行ってみたいと思う人たちが旅に出ました。これが一気に伸びたわけです。

海外旅行のリピーターは多くいますが、今後は基本的に人口減少が起きるので、需要が急激に増えるとは思いません。

そういう時代に日本が入ってきて、いま中国が経済的に勃興して旅行客が伸びているわけですが、旅の楽しさは一度味わうとまた体験したくなる魅力にあふれています。

常習性があるわけです。その成熟度は、現在欧米が100だとするならば、アジア各国は欧米の30～80くらいのレベルに分散していると思いますが、今後どんどん100に近づいていくでしょう。

いずれにしても旅の力を知ることによって、ツーリズムは発展します。おそらく「旅の力」が未開発な国は、自らが文化をつくるというイメージをもっていないのではないでしょうか。

⊙旅の力を使って文化振興を促す

これは文化財という力ではなくて、人と会うことによってコミュニケーションする、話す、自分で何かを観る、観ることによってお金を払うなどの行為です。払うことによって文化財を守るためのコストを負担していることになります。

デービッド・アトキンソン氏は、なぜ日本の寺社仏閣は入場料があんなに安いのかと疑問を投げかけています。

イギリスのチャーチル博物館は22ポンド（約2600円）も入場料を取ります。多分、日本の同様の施設だったら300～500円くらいでしょう。しかし、チャーチル博物館は維持するためのコスト計算を考え、そこから必要な入場料を設定していったのだと思います。

では、たとえば二条城のように、世界遺産であり歴史的舞台となった建築物の入場料は600円で足りるものでしょうか。もっと高い料金設定でもいいはずです。

その代わり、料金に見合うガイドをすればいい。事実、チャーチル博物館は、イギリス人も外国人も集まるキースクエアのひとつです。欧米の文化施設は、意外と入場料が高いのです。

ツーリズム産業に従事する人は、「旅の力」の5つの項目を十分生かして、いろんな可能性を考えてみることをおすすめします。旅行にある旅の力を意識してみることです。私が行う文化、私が行う教育的なこと、私が行う健康、私が行う交流、そして私が行う経済を、事業者としてだけでなく、旅する個人の視点から考えてみます。

そういうふうに旅をすることがマーケティング活動につながれば、旅の力は一般論になるのではないでしょうか。

ツーリズム産業の役割を考える

⊙ツーリズム産業が平和を創り出す主体となる

アブダビで開かれた2013年のWTTCの会議に、ビル・クリントン元米大統領が登壇したときのスピーチはとても印象的でした。

クリントン氏は環境と平和の話をしました。このテーマにもともと興味がある人だからでしょう。「ツーリズムの皆さんは環境と平和を享受しているだけになっていませんか」と問題提起していました。

環境の良い場所で、平和な場所で、ビジネスをして稼ぐだけでいいのか。ツーリズム産業の従事者は、平和をつくり出す、あるいは環境をよくすることの受動側ではなく、発信側に回るべきだと訴えたのです。

それは旅行ツーリズム産業が主語になって、平和をつくり出すことです。

私たちも、「旅行産業は平和産業です」とよく使います。旅行産業は平和に貢献するという言葉もあるのですが、求められるのは貢献だけではありません。

それだけでは必要条件を満たしているだけで十分条件ではない。平和産業をつくり出すという主体的な活動がポイントです。

2013年、ピース・アーチひろしまの「国際平和のための世界経済人会議」で、WTTC元会長のマイケル・フレンツェル氏が講演し、私はファシリテーターを務めました。

そこで、フレンツェル氏は広島になぜ平和機関を置かないのかという発言をしました。

原爆が落とされたことは不幸なことだけど、現実に起こったことに対して向き合うならば、広島は被害者であると同時に、ここから平和を発信する義務を負ったのではないかと、問題を投げかけました。

1986年にチェルノブイリ、そして2011年に福島の原発事故があり、いずれも廃炉問題は未解決です。国連の廃炉機関を福島に置いてはどうでしょうという話も出ました。

そうしてみると、ツーリズム産業は社会的なテーマの主体者になっていることがまだ少ないのが現状です。

実際、旅行会社は、鉄道会社や航空会社、運送業、新聞社の子会社がとても多く、資本関係が独立して主体性をもって発信できる旅行会社は非常に少ないと思います。

しかし、ヨーロッパの旅行会社にはそういう立場の人がたくさんいます。

ツーリズムにいま課せられた使命は、一言でいうと主体性です。そして、人の往来の自由を守ることが一番大事な問題です。

米国のトランプ大統領は移民、難民の規制を設ける強硬論を打ち出していますが、壁を設けるのはいかがなものでしょう。

人の往来の自由を阻害するのは良くありません。往来の自由がなくなった瞬間に、限られた人しか動かなくなります。ツーリズム産業の役割として、人の往来の自由を確保することがあり、大切なのはそのために何をするかだと思います。

往来の自由があればあるほどツーリズム産業は発展して、相互理解が深まり、結果的に平和に近づく。私たちツーリズム産業が、こうしたロジックをもちながら活動する。この流れが大事だと思います。

⦿命のビザをつないだJTB社員・大迫辰雄

かつてJTBは、この往来の自由をめぐって、大きな決断を下したことがあります。

第二次大戦中、リトアニアで命のビザを発給し、ユダヤ人の移送を決断した外交官・杉原千畝さんの「命のビザ」の物語はよく知られるところです。杉原さんは最後の最後に決断して、日独伊同盟を破ってもユダヤ人を助けようとしました。

助けるということは、人の往来の自由を守ることです。

杉原さんはユダヤの人々を、シベリア鉄道経由でロシアのウラジオストクから日本の敦賀に送り、横浜を経由しアメリカへ入国できるように支援しました。ロシアと日本のビザがないと渡航できないからです。

外交官は人の往来の自由を一番身近に感じる職業だったのでしょう。

それを支援したのが、ジャパン・ツーリスト・ビューロー（現ＪＴＢ）職員の大迫辰雄さんでした。

アメリカのユダヤ人協会は、第二次大戦中、ドイツ占領下の国々からユダヤ人難民受け入れの経済的援助を行いました。

日本での滞在資金と避難先の国までの渡航費用をもつ者だけが移送できるというビザの発給条件があったので、ユダヤ人移民へ資金を送る必要がありました。

これを届け、彼らをアメリカまで無事移送する手配をジャパン・ツーリスト・ビューローに依頼したのです。

この依頼を受けた当時、日本はドイツと友好関係にあったことから、引き受けるべきかどうか、社内で議論が交わされました。

その結果、「人道的見地から引き受けるべきである」と決断。敦賀に臨時の事務所を開設して駐在員、添乗員を派遣し、受け入れ体制を整えました。

そこで抜擢されたのが、英語に堪能な大迫さんでした。

大迫さんは、天草丸という２０００トン級の小さな船にユダヤ人移送のため添乗し、20数回にわたり日本海を往復しました。

延べ４０００名も乗せたこの難事業について、大迫さんは「私は当時入社二年目の若造。匆論乗船勤務など初めてのこと、何故私がこの業務に選ばれたのかは分らないが、若いだけに使命感にあふれるものがあったことは確かであろう」と述懐しています。

激しい船酔いと寒さ、異臭に悩まされたたいへんな旅だったようですが、彼はユダヤ人の移送に、民間外交官のはしくれとしての意識をもって仕事に向き合い、そのような回想になったのだと思います。

そして何よりも、敦賀市民の皆さんが、ユダヤ人難民を温かく迎えてくれたことを忘れてはいけません。

これはツーリズムの役割を象徴しています。日本では命のビザは美談として伝えられますが、往来の自由を守るという思想までは考察されていません。

しかし、ユダヤの人々にとってこの出来事は、日本人は国境を渡る自由まで考えてくれたのだという受け止め方をしています。

大迫さんの任務の最中、ユダヤ人の移送者から贈られた写真の裏には、感謝のメッセージがいくつもつづられていました。

⦿総合旅行業と旅行代理店は違う！

往来の自由は、異文化の交流につながります。

教育旅行を考えても、外国人留学生と日本人学生が交流して親しくなることで、10年後、20年後は社会的な立場をもった友人として会うかもしれません。

異文化のネットワークが築かれ、文化ができると平和が生まれます。

こういう仕事をＪＴＢはするべきではないかと思い、交流して文化を生み、それを生業にしてビジネススキームに仕立て上げようというのが交流文化事業のねらいでした。

この戦略を進めることが、２００６年のＪＴＢの分社化に発展しました。

ディスティネーション・マネジメント・カンパニー（ＤＭＣ）と連動させながら、北海道から沖縄まで、地域別の事業会社に分割していったわけです。旅行代理店業、旅行あっせん業からツーリズム産業へ脱却する契機となりました。

私たちは当時「総合旅行業」といういい方をしていました。これは旅行にかかわるすべてのビジネスを扱うものと理解できます。教育旅行もテクニカルビジット（産業視察）のあっせんもすべてやります。

しかし、最近、国内旅行と海外旅行と訪日旅行を扱えば総合旅行業だと標榜する会社がありますが、それらは旅行の形態をいっているだけで、旅行会社としての役割を十分に果たしているとはいえません。

マスコミが、インターネット中心で宿泊単品を中心に旅行商品を販売する会社を「総合旅行業へ転換」と報じたことに、私たちは違和感を覚えます。

そのうえ、私たち従来の旅行業を「旅行代理店」とマスコミは評するようになりました。そうではありません。ビジネスや教育、イベント、地域開発と複合的に組み合わせて、あらゆる旅行サービスを提供するのが総合旅行会社というものです。

インターネットの普及によって、どうも言葉の定義を大事にしない文化が蔓延しているようです。

最近は旅行代理店という言葉をあまり使わなくなったようです。まだJTBを旅行代理店と呼ぶ人もいますが、私たちは旅行を代理しているだけの業者とは違います。

自分たちが主体的につくった商品ではなく、他の旅行会社の企画商品を受託販売しているのが旅行代理店です。

JTBが旅行代理店というイメージが残るのが、もともと鉄道のきっぷを代理で販売していることからきています。代売業から総合旅行業に転換しようとしてきたのに、いまでも代理店とみられるのは残念なことです。

新しいツーリズムの発信と提言

⦿ツーリズムによって地域経済を6次産業化する

多種多様なツーリズムに向けて、私たちもいろんなことをやりましょうと旅行者に提案しています。体験観光（エクスペリエンスツーリズム）、産業観光（インダストリアルツーリズム）、エコツーリズムなどたくさんあります。

ひとつだけいえるのは、物事の後ろに「ツーリズム」を付けると、いろんな課題が解決できそうな気がしたり、何か新しいことができそうな予感が生まれたりします。

ツーリズムを後ろに付けるとやりやすくなるのは、たとえば経済産業省などは6次産業化といいますが、ツーリズムはそれらの産業をつなぎ合わせるのりしろになります。

1次産業と2次産業と3次産業を単に足し算するのではなく、組み合わせて掛け算することで価値の最大化が達成できるという活動です。

図表16　多種多様なツーリズム

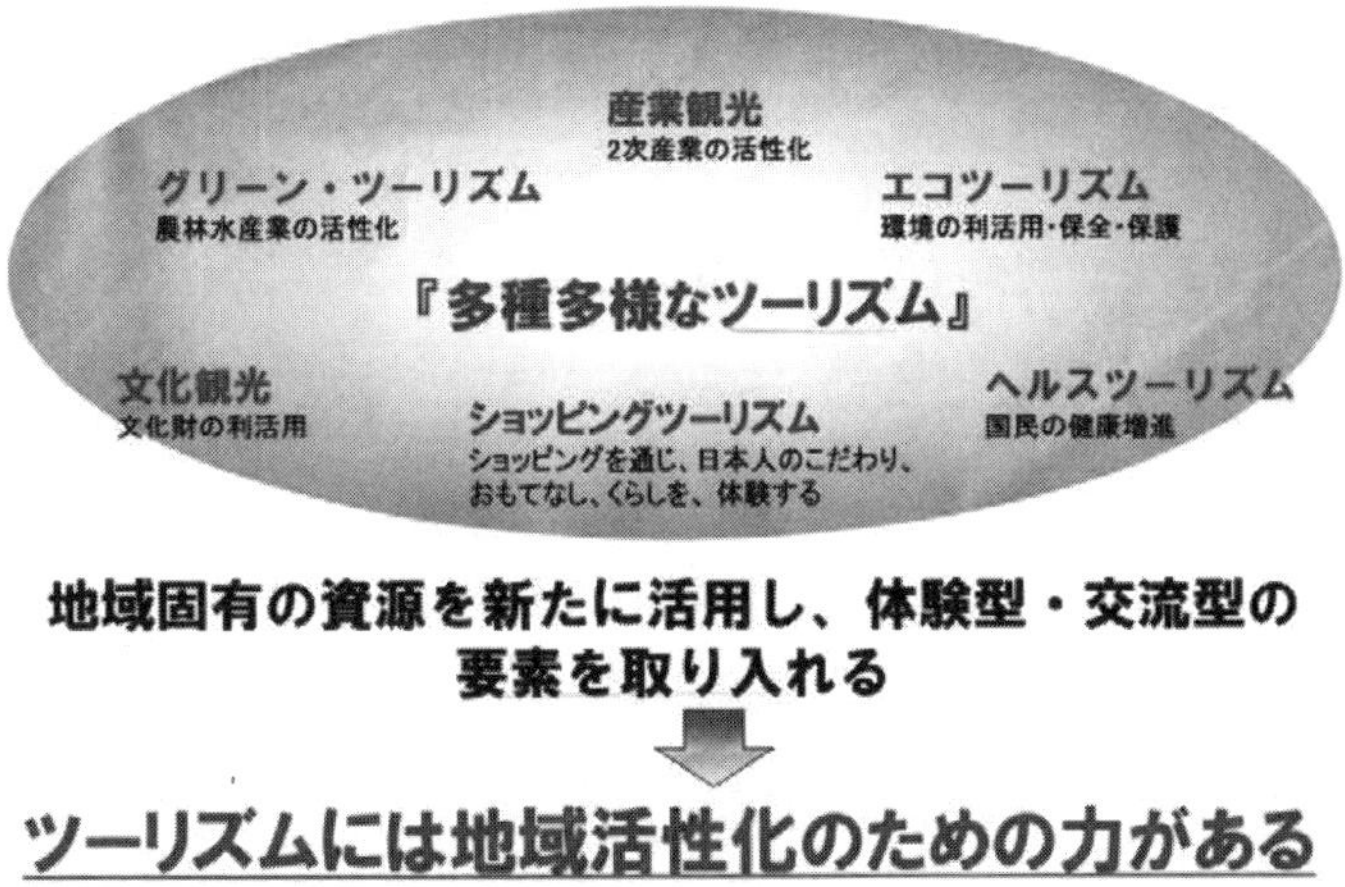
産業観光
2次産業の活性化
グリーン・ツーリズム
農林水産業の活性化
エコツーリズム
環境の利活用・保全・保護
『多種多様なツーリズム』
文化観光
文化財の利活用
ショッピングツーリズム
ショッピングを通じ、日本人のこだわり、
おもてなし、くらしを、体験する
ヘルスツーリズム
国民の健康増進
地域固有の資源を新たに活用し、体験型・交流型の
要素を取り入れる
ツーリズムには地域活性化のための力がある

出所：JTB

旅は体験による学習です。足の裏でその土地を感じ、手で触って土地の清さ、匂いを嗅いで空気を感じる。五感で感じることだからこそ、1次産業、2次産業と組み合わせることができるのです。人が移動して農林水産業、製造業、流通産業などと組み合わせることで新しいツーリズム産業が生まれます。いま、第4次産業革命といわれている中で、サービス財の価値を上げる可能性にあふれています。

その最も典型的なサービス財が旅行業だと思います。これをどうやって成長させていくのか。それが実現できると、ツーリズム産業の立ち位置がすべての産業にかかわってきます。そのことによって、働く人たちの幅が広がっていきます。

単なる旅をつくっていくだけではありません。

図表17　観光による6次産業化

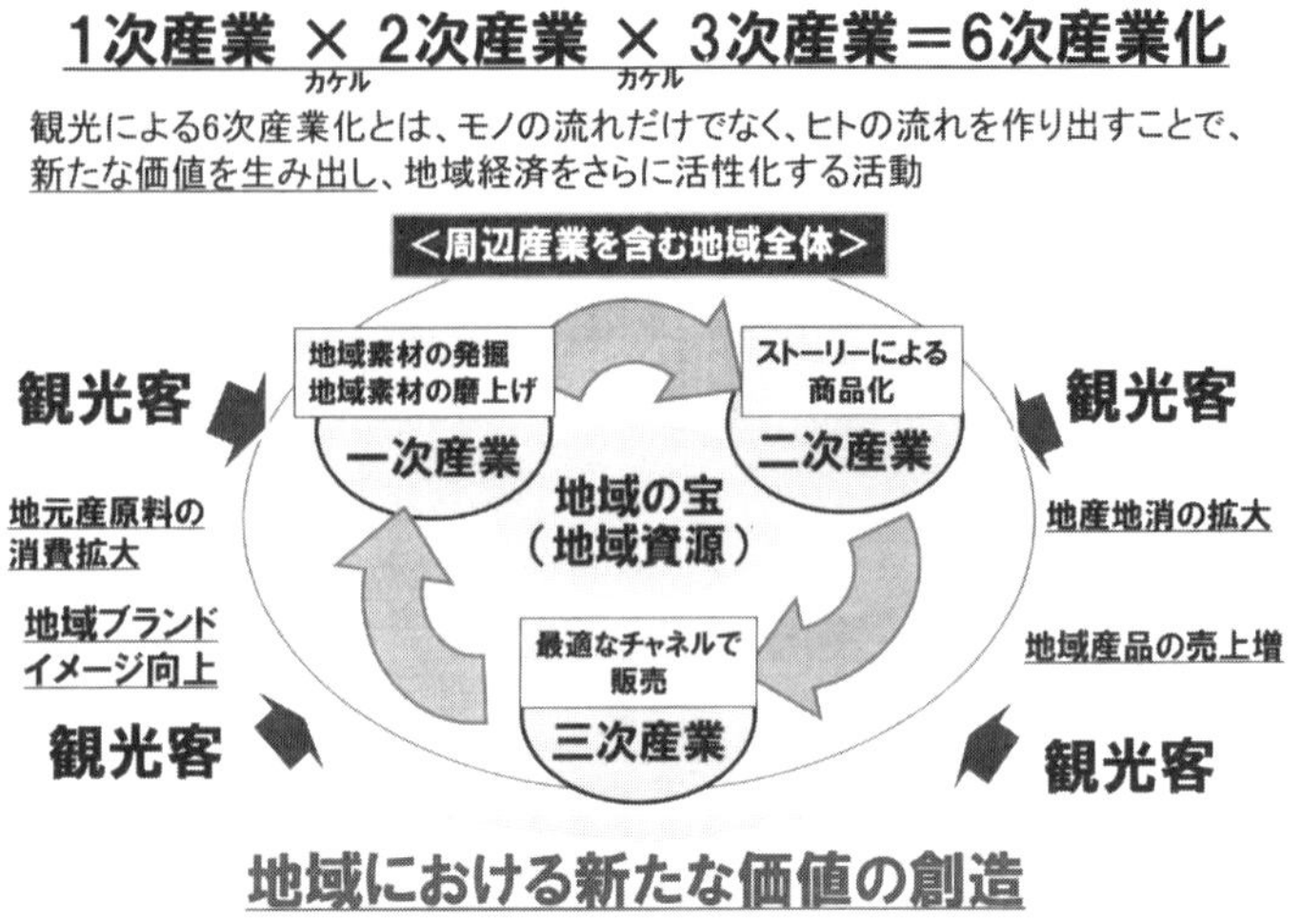

出所：JTB

ツーリズムから恩恵を受けたいと思っている企業が増えています。ツーリズムは、多様な産業とかかわり合い、因数分解のカッコで閉じて掛けるようなビジネスです。このような特質をもつ産業は他にはあまりないでしょう。

エコにしても農業にしても、それを単に知り体験するだけでなく、体験を通じて経済活動にまでつなげることができるのがツーリズム産業の強みです。

⊙商店街はなぜ活気を失ったか

私はいまショッピングツーリズム協会の会長をしていますが、ショッピングだけだと買い物にすぎません。ツーリズムを付けると後ろに旅の意味が加わり、旅人の行動になります。

もともと旅行での買い物は、旅の思い出を買うとか、旅の中で経験したことを買うとか、何かその国の文化を買うとかという意味があります。売る側も物を売るのではなくて、日本の文化を売ることを念頭に置いてほしいのです。そうすると、ショッピングツーリズムの意味は果てしなく広がります。

先に、人の往来の自由性と、交流によって人の心や文化を豊かにするというツーリズムの使命について述べました。ショッピングツーリズムはインバウンドのお客様、国内旅行のお客様、双方にとって大きな魅力ですが、地方の商店街の活性化はどこも大きな課題となっています。

日本の商店街はシャッター街になって、機能しなくなってしまっているところが少なくありません。地域の人と話すときに、「なぜあなたの街の商店街が衰退したのですか」と質問することがあります。そして、「シャッター街になってしまったから衰退したと思っていませんか」と、重ねて問うことにしています。

「近くにショッピングモールができたでしょう」と聞くと、だいたいの住民が「はい、そうです」と答えます。大店法改正によって多くの街にショッピングモールが進出し、住民がこぞってそこへ買い物に行き、商店街に来なくなりました。

商店街の真ん中には都市銀行や地方銀行の支店がありますが、3時に銀行が閉まってしまえば、これからが夕方の買い物の時間だというのに、シャッター街になってしまいます。これでは商店街も明るくなりません。しかし、銀行の支店もいまや統廃合ですっかり街から少なくなりました。

そこで私は、こう問い直します。「皆さん、商店街はもともと買い物する場所としてつくったのですか？　本当は地域の井戸端会議をする場所だったんじゃないの？」と。

商店街はコミュニケーションのベースであるべきです。買い物だけするのであればモールやコンビニ、スーパーのほうが便利でしょう。商店街では車も置けない。利便性が目的なら、そんな不便なところに来るかという話になります。

お客様とのコミュニケーションを成立させている商店街は、いまも活気があります。戸越銀座や武蔵小山、巣鴨とげぬき地蔵通り、金沢の近江町市場などがその代表です。お客様と商店の距離が近いのです。

いつも声を掛け合って、活気づいています。道路が狭くて、街のあちこちに椅子や机が置いてあって、買い物袋が重ければそこで買い物客同士が一休みしておしゃべりを楽しんでいます。コミュニケーションの場なのです。

しかし、日本の多くの地方の商店街は、それを捨ててしまったのではないでしょうか。それを本来の姿に戻しましょうという提案をぜひしていきたい。

15時から19時まで、商店街の道路は車の乗り入れを禁じてもいいでしょう。路上に屋台が出てもいいし、イスとテーブルを置いて、疲れたら座ってもいいし、重たい荷物を預かる場所があってもいい。商店街は、生活文化の場であることに大きな価値があります。

砂町銀座商店街は、独特の活気が海外旅行客に受けて、口コミサイトのトリップアドバイザーで紹介され、外国人観光客がたくさん訪問しているようです。

昭和の高度成長期、平成のバブル崩壊後も、東京の商店街は元気でしたし、いまも元気です。門前仲町の深川仲町通り商店街、谷中銀座商店街などは、昔もいまもずいぶん活気に満ちています。それでわかったことがひとつありました。寂れかけていた商店街があるのは、モノづくりや工業化社会の産業を中心に据えた都市でした。企業城下町といわれるような街です。北九州地域などにはそういう街が散見されました。

それに比べて、本当の城下町の商店街は生き残っています。生活産業が息づいている街は強い。そういう部分がツーリズム産業には重要です。

本当に街づくりをするならば、伝統文化や生活産業とのセットで開発していかなければいけないのです。それが100年の価値を生み出します。

⊙街と商店街が活性化する仕掛けづくり

一度は寂れかけても、再生して、活性化に成功している町並みや商店街は全国にいくつかあります。豊後高田や飛騨高山などです。

豊後高田の「昭和の町」づくりには、20数年前から㈱ケイジェイ企画（現ＪＴＢコミュニケーション九州）の猿渡弘治さんが協力しました。２００１年9月に旅行会社で初めて団体ツアーで企画したのもＪＴＢでした。豊後高田の「昭和の町」物語は、２００６年にはＪＴＢ交流文化賞を受賞しました。

私も入社時に九州におりましたが、いまや年間35万人が訪れる人気観光地になりました。古い土蔵が残されており、その中に昭和の懐かしい看板や道具類がしまわれていたのを、通りの表にディスプレイすることで独特のレトロ感を醸し出す町並みができていきました。

商店街の活性化に取り組んで復活した飛騨高山では、閉店後シャッターを下ろすことをやめました。素通しの鉄柵に変えて、ショーウィンドウの灯りはタイマーで12時までつけておくことにしました。

商店街が明るくなると、夜に街中を歩く人も出てきて、ウィンドウショッピングを楽しむ人も出てきます。そして、路地の奥にはバーや居酒屋があって、旅館に泊まっている人が夕食後に散策し、一杯飲んで帰るという行動も出てきます。翌朝、ショーウィンドウで気になった店の商品を買うこともできます。

そのように、いま高山の商店街が活性化してきたというのです。

このような閉店後のショーウィンドウを見せる工夫は、ロンドンやパリが先駆けです。治安が良くないといわれていた繁華街ではシャッターを下ろす店が少なくなり、ショーウィンドウが明るく見やすくなっています。また、夜に食事やお酒を楽しんだあと、街をぶらぶら歩く楽しみがあります。帽子屋、靴屋、ブランドのブティックの店頭の様子が伺えます。

大阪の黒門市場など、私たちが応援している商店街もあります。黒門市場には昆布の専門店、世界中のエビを扱っている専門店があります。大阪の台所として、東京の築地に匹敵する活気ある市場は、以前は地元の市民や飲食店向けが多かったのですが、いまは外国人にも人気です。市場にあるものを何でもその場で食べられるようにして、イートインスペースを設けた魚屋もあり、その結果、朝食をホテルで取らず市場で食べる人もいるくらいです。

黒門市場は2013年に外国人向けガイドブックを作成し、飲食物をもち込める無料休憩所をつくりました。また、15年には Wi-Fi を整備しました。トイレの表示も多言語表記です。毎年英語講座を開き、外国人観光客への対応を進めています。いまでは、食べ歩きの多くの外国人客で賑わっています。

そういう力が商店街にはあります。それが新しいツーリズムだと思います。産業観光や体験観光なども同様で、地域や企業にある素材が維持されていないとできないのです。

いま、東京の飲み屋街を見てみると、新宿の思い出横丁や渋谷ののんべい横丁、四谷の荒木町など、これまで日本人が楽しんでいた居酒屋や焼鳥屋に多くの外国人を見かけるようになりました。彼らは、インターネットのクチコミサイトや旅行サイトで情報を得て出かけています。

狭い路地に密集する庶民的な独特の雰囲気、店の主人や客同士とのコミュニケーションが、彼らの旅行気分をいっそうかき立てるようです。ハリウッド俳優のトム・ハンクスが、神田の老舗蕎麦屋で隣席の中年男性グループと楽しそうに飲んでいる写真をSNSに載せて、大きな反響を呼んだのは記憶に新しいところです。

日本人の居酒屋文化は路地で発展しました。商店街に元気がなくなると、路地の飲み屋もつぶれてしまいます。

居酒屋に人が集まるようなら、商店街もシャッターを閉めず店の中を見せるようにするでしょう。商店街がコミュニケーションの場であるとするならば、周辺の飲食店とも連携し、人が見やすい素通しのショーウィンドウにするなど、雰囲気をつくるべきです。

街づくりや祭りについても、四季折々どのようにバランスを取るかが重要な要素です。

ツーリズムは、何も長距離移動をして宿泊する旅行者だけが対象ではありません。いろいろな人を交流させるのがツーリズムです。

⊙日帰りでも旅を楽しむ「異日常」で交流人口を増やす

交流人口が多い街として、関東近辺であれば川越市があります。年間600万人近い人が来ていますが、川越に泊まる人はほとんどいません。小江戸というキャッチフレーズで町並みの情趣を楽しみに国内外から観光客が訪れます。

最近は高尾山も外国人に人気です。京王電鉄が沿線の高尾山や深大寺、高幡不動に外国人観光客を呼び込もうとしていますが、鉄道会社も街づくりや交流人口の増大に向けてやるべきことはいくらでもあります。

宿泊をともなわない観光でも、非日常を味わうことはできます。これもツーリズムだと思っています。最近では、非日常ならぬ「異日常」という言葉が使われています。

たとえば、仕事が終わってそのまま家に帰れば日常ですが、アフター5に歌舞伎を観に行くのは異日常です。

いつもと違う行動が生まれれば、それもツーリズムです。ツーリズムは宿泊をともなうことが条件ではなく、いろいろなことを体験することがツーリズムです。

高額な旅に出なくても、日常生活の中にツーリズムを組み込むことも可能です。たまにはスーパー銭湯に行くこともツーリズムです。

旅は必ず宿泊しなければならないというルールはなく、地域の中でもできます。温泉地でも、地元の人が銭湯の温泉に入ったり足湯に浸かったりしていますが、それもいい。隣町の活気ある商店街に行って買い物を楽しむのもツーリズムです。

自分の普段の生活を変える行為をすれば、人というのは日常のままでは我慢できなくなってくるのです。

スーパー銭湯に行って富士山の絵を見たなら、次は実際に美保の松原に行ってみるかとなり、次は実際の富士山に行きたいなと思う。動機づけはいろいろあるでしょう。

このように、旅の意味を発掘したり、人々に認知を広げたりするのはツーリズム産業の役割なのです。

⊙産業観光で技術を売り込み、エコツーリズムで自然を体感する

産業観光（インダストリアルツーリズム）はずいぶん以前から行われている、モノづくりの

観光です。10数年前に産業観光が提唱されたのですが、当時は注目されませんでした。最近は産業観光が見直されてきて、恵比寿のヱビスビール記念館や羽田の飛行機整備工場の見学ツアーが人気です。やはり産業の現場を体験して見ることで、日本の技術は世界最高だということを実感できます。

産業観光にはモノづくりを見ると同時に、日本のもっている技術を世界に売り込む機能があります。環境装置がそのいい例です。

PM2・5だって、日本から直しに行ってあげたいくらい、日本の環境装置の技術は進化しています。日本の高度成長期は、水俣病やイタイイタイ病が社会問題になり、水質汚染や大気汚染がひどい時代でした。それを克服したのは技術力です。

自動車の排気ガス処理技術も進み、ハイブリッドカーがずいぶん普及しました。昔は東京都心の街路樹やガードレールは真っ黒だったものですが、いまはぜんぜん汚れていません。それだけ日本の環境対策は進んでいます。東京では、石原慎太郎元都知事がディーゼル車排ガス規制をした功績もあります。

そのような問題についてツーリズムは意見をいわなくてはいけないし、日本のモノづくり技術を世界に伝えることもツーリズムの仕事です。

産業観光をインダストリアルツーリズムといいたいところですが、英語では通じにくいのが難点です。

しかし、日本の中で最もやらなくてはいけないのは、産業観光、モノづくり体験観光です。日本はモノづくり大国で長い歴史がありますが、中国、ＡＳＥＡＮの台頭により、あと10年、15年するとモノづくりを忘れてしまうのではないかという危惧があります。モノづくりと観光を結びつけることで、価値が伝承できます。

エコツーリズムはエコロジーとツーリズムが融合した言葉です。ツーリズムが付くとそこに必ず人がかかわります。

先に紹介した多種多様なツーリズムの中でも、一番日本人の心根に沿うのはエコツーリズムではないかと思います。エコは過去・現在・未来、時代のすべてがテーマとなります。

さらに深めると、農業問題、地域の生活文化にもかかわりがあり、幅広い。世界中にエコツーリズムという言葉は知られ、グローバル的です。

産業観光による子どもたちへの教育も考える必要があります。いまの子供たちは、スマートフォンやネットですぐ情報がとれます。

形のない物を３Ｄで見られるといいますが、触ったり匂いをかいだりなど、五感を使わないものでで情報をとっているに過ぎません。

ツーリズムはすべてリアルですから、リアルなものを提供していかなければなりません。エコツーリズムは自然の体験、産業観光はモノづくりを知る場所だからです。

ツーリズムを担う人材をどう育成・登用するか

◉観光コンテンツの開発は「物語性」が求められる

地域の宝（観光資源）の発掘と磨き上げを推進するのは、もちろん人の力です。

そこでひとつ、強く感じていることがあります。前提条件として、一番重要なのは、シナリオライターが必要だということです。

旅は基本的に起承転結なのです。物語を求めて旅行客は動きます。

JTB沖縄に照屋昭子さんという女性社員がおり、彼女が発掘した沖縄の観光資源が「ガンガラーの谷」です。

その谷には、1万8000年前の旧石器時代の原住民「港川人」がいました。

照屋さんはその場所や由来を詳しく調べたうえでシナリオにして、コンテンツ化しました。ガイディングもきちんとできるようにスタッフも育成し、この谷を見学して散策するコースをつくりました。

単に遺跡を見せるだけでなく、そこにある物語の掘り起こしがうまくいったことで、新たな観光コンテンツの開発に成功しました。

私は1971年4月に入社し、10月に初めて香港・マカオ・台北の海外添乗をしました。海外初仕事なので気を引き締めて念入りにやろうと思い、海外旅行商品をつくっている部署に事前に何度も下調べに行きました。

このツアーをどういう趣旨でつくったのかと聞くと、その先輩が丁寧に答えてくれました。

「田川君、香港ってどんなところだと思う?」

「どんなところって……イギリス租界ですよね」

香港は有名な海上レストランの「アバディーン」があり、映画「慕情」の舞台としても有名です。アフタヌーンティーを提供する高級ホテルがいくつもあります。イギリス文化を体験しに行ける場所です。

「マカオはどう?」

マカオはカジノで有名ですが、基本的にはポルトガル文化です。

そう答えると「そうだよ。君、初めてマカオに行くならポートワインを飲みなさい。なるほど、これがポートワインだと思うから。赤玉ポートワインじゃないよ。日本から遣欧少年使節団も行ったし、歴史的に日本とも近いところだ」

台湾はまだ日本と中国との国交前でしたが、「故宮博物院をはじめ、中国の歴史がつぶさにわかる。中国の歴史的文物の宝庫だからね」と、このように3都市の特徴を先輩はわかりやすく解説してくれました。

当時はヨーロッパにも気軽に行けないし、国交回復前の中国にも行けません。「ヨーロッパや中国に行けない旅行客に、文化を味わってもらうため企画したんだよ」というのです。

入社1年目の若造に、こうやって教えてくれる素晴らしい先輩がいたのです。

お客様には先輩から聞きかじったことを添乗中に説明しました。

お客様もたいへん感心してくださり、「それならば香港でイギリス文化を学ぼう」と旅を楽しんでいただきました。

この当時、海外旅行に行くマーケットはあまりなかったので、一生懸命売るためのシナリオを考えていました。

その後に、ロンドン・パリ・ローマといった商品が売れるようになっていきました。この3都市の歴史文化はそれぞれ全く違います。

大英帝国、ブルボン王朝、ローマ帝国。ヨーロッパ史を学んで一番ドラマチックでわかりやすいのが〝ロン・パリ・ローマ〟です。

北京・ソウル・東京もシルクロードを核にしたストーリーをつくって、インバウンドのお客様に向けて説明しながら商品をつくっていくべきです。

海外旅行を大衆化していくには、ストーリーが必要なのです。

国内の観光地であれば言語の壁もありません。旅行客は歴史もある程度理解しています。しかし、観光地に行っても背景や文化の詳細な説明がないのが実情です。説明があったとしても、外面的な構造やスペックの解説だけです。

そうではなく、必要なのはそこにある理由や、起きた出来事、つまり「モノ・コト」の説明でしょう。

しかし、日本国内で消費される旅行はイベント型です。祭りやイベント、何年かに一度の遷宮や御開帳などに、旅の欲求が動かされます。街道をめぐる旅も定着しません。

唯一あったのが「徒然草」や「奥の細道」、「東海道中膝栗毛」のような紀行文学です。全部が江戸時代までに花開いています。

現代では司馬遼太郎の『街道をゆく』くらいですが、歴史紀行が好きな一部の読者のものになってしまっています。人生をめぐる、追体験したいような物語性には少しもの足りなく感じます。

それでも、少し前までは旅情をそそる本や番組がありました。FM番組の「ジェットストリーム」、テレビ番組の「兼高かおる世界の旅」、小田実の紀行ルポ『何でも見てやろう』です。これは昭和30～40年代、旅に出るときの〝三種の神器〟といってもいいものでした。

いまはそういう象徴的な本や番組がありません。日本の国内旅行は、一過性の企画でつくるコンテンツ型になってしまいました。

いまのインバウンドブームでもまた、コンテンツ型を進めようとするから長続きしないのではないか心配です。

旅のコンテンツは3～4年で終わればいい話でしょうか。やはり10年、20年と続いていくものでなければならないのです。

⦿シナリオライターとマネジメント型の人材

全国に発信できるコンテンツ開発をするには、第一にシナリオを描ける人材を確保すること、次に観光地経営できるマネジメント人材が必要です。

シナリオライターとマネジメントの2つの人材さえいれば、ツーリズムは運営していけます。マネジメント人材はコンテンツをつくる人・パフォーマンスをする人たちを束ねる力が必要です。したがって、そういう人たちをどう集めるかがカギです。

個々の思い入れでやっていることを立体的に組み合わせて、どう世に出すかということはシナリオライターの仕事です。

本を映画化・舞台化しようとするときに、脚本家によって作品は大きく違います。NHKの大河ドラマも、三谷幸喜の「真田丸」になって作風が大きく変わりました。そういう人がいれば、大きな変化と成果が生まれるはずなのですが、残念ながら日本にはこの2種類の人材が不足しています。

だからといって、人材が計画的に育成されていないわけではありません。当社をはじめ、旅行産業では企画力・マネジメント力・プロデュース力のある人材を育てていますが、育成には長期的な視点が必要です。

大学で学んですぐ活躍できるわけではありません。ツーリズムは、体験や経験がものをいう世界です。経験しないことを人に押し付けるわけにいかないのです。実践で学んだことが、仕

図表18　ツーリズム産業の人財に必要なもの

ツーリズム産業の人財に必要な5つ「New」

ツーリズム産業は、短期的な課題、あるいは長期的な環境の変化を乗り越え、
新たな「発展」「イノベーション」の道筋を見いだす人財を求めている。

①価値観の「New」	「顧客視点」でニーズを見抜けるマーケティング力
②資源の「New」	自らの地域資源を熟知し、その独自性・固有性を見抜く力
③視点の「New」	マイナスをプラスに転じることのできる逆転発想など 柔軟な発想力や物語の構想力
④手法の「New」	固有のビジネスモデルを組み立て実現できるマネジメント力
⑤人財の「New」	多様なネットワークをもち、新しい地域人財を発掘して活用できる コーディネート力（多様な人財の活用）

出所：JTB

事のスキルになります。

ツーリズム産業に求められる人材要件を、私たちは5つの「New」を創り出すことと集約しています。短期的課題を乗り越えながら未来の長期的な変化に向けて、新たな発展とイノベーションの道筋を見出す人材です。

ツーリズム産業の人材養成は5年、10年、15年かかり、当社も10年の期間をかけてプロデューサーを育てています。いろいろな添乗をしたり、あっせんをしたり、体験を積まなくてはいけません。

従来のツーリズム産業にいた人材は「稲刈り人＝与えられたものしかできない人材」だったとすれば、今後は「田植え人＝高い実務執行能力」のステップを経て、「開墾人＝新しい発

想力」で取り組むように成長・変革しなくてはなりません。

あるいは、キャリアの初期は稲刈り人でも、徐々に田植え人、開墾人へと脱皮していく人材が求められてきます。

マーケットができると、いろいろな人が参入して刈り取ろうとしますが、刈り取ると市場はシュリンクしていきます。刈り取るだけの人間だけではなく、新しい発想で田起こしをしていかなければ未来はありません。

海外旅行市場は、私が入社したときは100万人未満でした。それをどうやって100万人に、1000万人にしていくか、そのために知恵を絞り海外旅行商品をつくって売り、プロセスを開発してきました。

地域を新しく再生し、インバウンド6000万人時代を実現するためには、そのための努力がいっそう必要になっています。

⊙観光地経営に必要な人材を確保・登用する

私のキャリアのスタートは、別府駅の外国人旅行者の荷物運びから始まりました。

労働組合で人を束ねる経験、支店長の経験、海外駐在の経験、商品企画の経験、地域開発も含めて、すべてのツーリズムの経験のうち、75％くらいやってきたことが役立っています。残り25％は、スポーツツーリズムやエコツーリズムといういまの新しい分野です。

ツーリズムにはツーリズムの法律や国の役割など、いろいろな周辺知識が必要です。

エコツーリズムなら日本の自然保護法とアメリカの法律は違います。また、エコツーリズム推進法や地域自然資産法等、勉強しないと本当のエコツーリズムの理解にはなりません。近代国家にはいろいろな法律や制度があります。それによって、規制すべきところ、規制緩和すべきところの問題が見えてきます。

最後はそういうことまで含めて問題提起し、壁を取り除くよう、解決に向けて観光地経営をしないと発展しません。

観光地経営に関連する法的機関には、国・行政があり、各県にそれぞれの出先機関があります。経産省の経済局、国交省の運輸局、整備局などです。また、地方自治体には県の行政機関や市町村役場があり、そこには必ずルールや制度があります。

それぞれへの許認可申請や役所間の調整などがたいへんです。できる、できないのジャッジメントも、観光地経営に携わる人は行わなければなりません。もしできないのであれば、緩和してもらえるよう働きかけます。

その一方で、規制したほうがいいものがあります。たとえば、自然は規制で守られるべき財産です。
一般の企業経営者は規制と緩和のバランスの中で経営を考えていると思います。観光地経営に携わる人も、このような問題を考える癖をつける必要があると思います。

いま、日本にある観光地経営のトップといえるのが、日本版DMOの代表でしょう。私は山陰DMOの会長となりましたが、こういう機関が観光地経営をする人とシナリオライターの活躍する場となりますから、この2種類の人材がいれば鬼に金棒です。

いろいろな地域にある物語をもってきて、演出して、観光地経営者が世に出していくようになれば、日本の観光経営のサイクルがずっと回って行きます。これからが一番たいへんなプロジェクトとなります。国、地方自治体、民間、学校など、三位一体どころか、むしろ四位、五位一体でやらなくてはいけないものでしょう。

⊙観光力は人間力である

ツーリズム産業が発展すれば雇用を生みます。そのためには人材が不可欠です。
よく地域振興には「よそ者・若者・ばか者が必要だ」という人がいます。商品開発上はそのような人材となるでしょうが、経営はもっと大きな視点で人材を確保・登用しなくてはなりま

図表19　観光まちづくりにおける重要なコンセプト

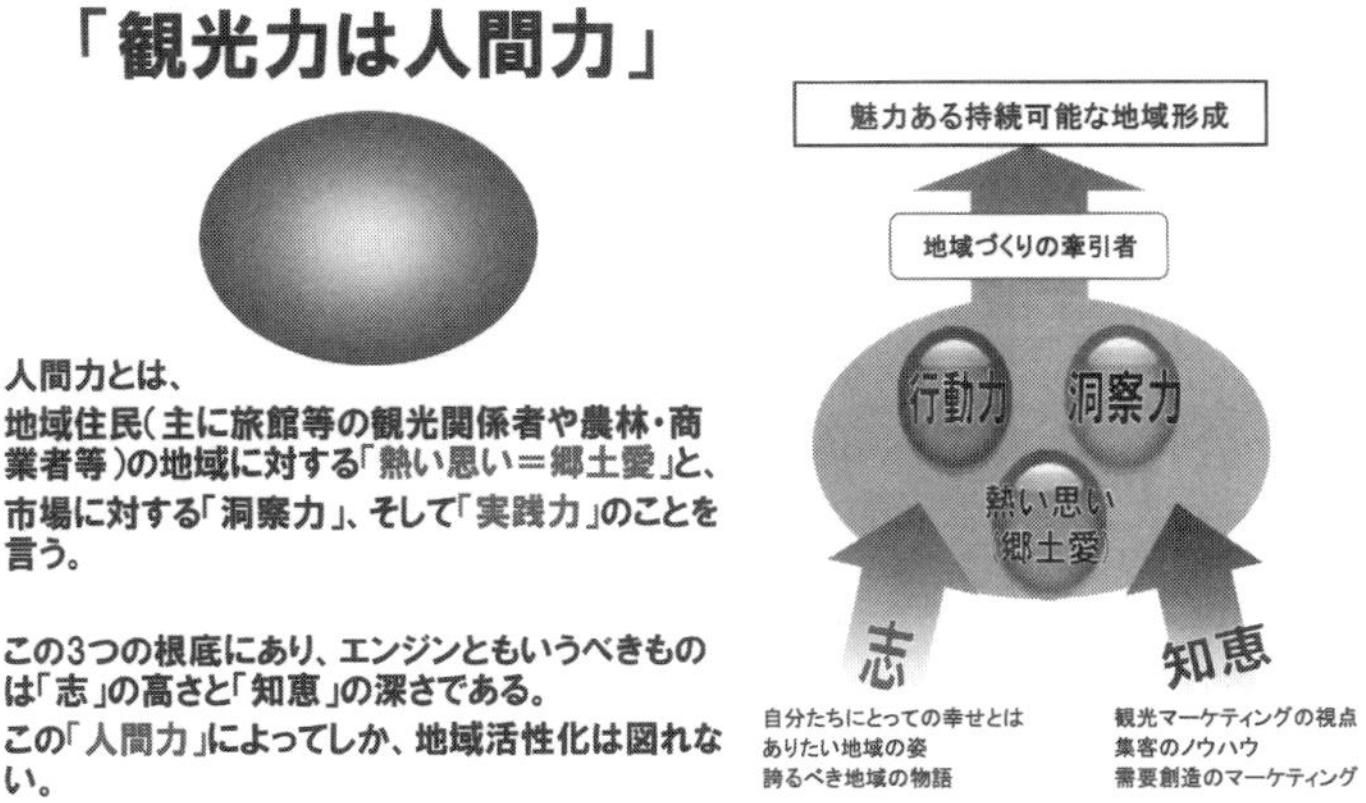
「観光力は人間力」
人間力とは、
地域住民（主に旅館等の観光関係者や農林・商業者等）の地域に対する「熱い思い＝郷土愛」と、市場に対する「洞察力」、そして「実践力」のことを言う。
この3つの根底にあり、エンジンともいうべきものは「志」の高さと「知恵」の深さである。
この「人間力」によってしか、地域活性化は図れない。
魅力ある持続可能な地域形成
地域づくりの牽引者
行動力
洞察力
熱い思い
郷土愛
志
知恵
自分たちにとっての幸せとは
ありたい地域の姿
誇るべき地域の物語
観光マーケティングの視点
集客のノウハウ
需要創造のマーケティング

出所：JTB

せん。

アメリカには、コーネル大学など観光学やホテル、ホスピタリティのプロを育てる教育機関があります。

日本では立教大学観光学部が最も歴史がありますが、日本で本格的にツーリズムにおける経営学を学んでいる人は少ないままです。

また、一般の経営者でツーリズムに関心がある人はいます。しかし、ツーリズム側に一流経営者に対抗できる人は少ないでしょう。今後の大きな課題といえます。

加えて、「観光は人間力だ」と私たちは訴えています。人間力とは、地域住民、つまり主に旅館等の観光関係者や、農林・商業の皆さんが、地域に対して抱く「熱い想い＝郷土愛」と、市場に対する「洞察力」、そして「実践力」のことをいいます。

この3つの根底にあり、エンジンというべきものは、「志」の高さと「知恵」の深さです。この「人間力」によってしか、地域活性化は図れません。

地域活性の視点からツーリズムにかかわる人たちには、このことを肝に銘じていただきたい。そして地域の人々だけでなく、「人間力」は、ツーリズム産業の従事者全員に必要な力です。

◉地方創生は「プロダクトアウト」――ソーシャルメディアをうまく活用する

日本には多種多様な食べ物や産物があり、隠れた素材があるので、発掘していくのがよそ者の仕事かもしれません。

地方創生とＤＭＣに取り組むときは、「よそ者・若者・ばか者」に地元に入って活動してもらうことです。それがプロデューサーの役目であり、地域の新しい価値を生み出します。これが一番いいやり方ではないでしょうか。

そこから出てきたプロダクトを、製品としてどう世に出すか。そういう意味ではメーカーのような仕事になるのではないでしょうか。これは日本だけに限った話ではありません。

もともと日本人の海外旅行はマーケットがなかったから、全部プロダクトアウトなのです。お客様にニーズを聞こうにも、マーケットが１００万人もいませんでした。マーケットインになったのは90年代に入ってからです。日本のインバウンドは皆プロダクトアウトのたまものです。

日本にはこんないい文化がある、おいしい食べ物がある、素晴らしい景観があるから来ませんかと、誘致した結果です。それが大事なのです。

その情報がシナリオ化されていて、観光地の写真とともに意味をきちんと伝えている必要があります。

あとは動画の活用です。YouTube のような投稿動画は非常に訴求力があります。

岩手県二戸市に「南部美人」という蔵元があります。

専務の久慈浩介さんは、東日本大震災のあと、自粛ムードが流れる日本の現状を見て、このまま東北の酒の消費が冷え込むことに危機感を覚え、「ハナサケ！ニッポン！」を合言葉に、「被災地岩手からお花見のお願い」という動画を YouTube に投稿し大反響を呼びました。

「日本酒を飲むことで東北を応援していただきたい。自粛するよりもお花見はやめず、岩手の酒を飲むことで支援をお願いします」と呼びかけた効果は絶大で、他のマスメディアにも取り上げられました。

２０１１年４月から５月にかけて、震災復興支援の空気が生まれ、東北の酒は東京の居酒屋でも人気となり、一時店頭から消えたほどでした。その結果、東北の蔵元も消費が途切れることなくスムーズに立ち直れました。

このように、ソーシャルメディアという武器を使うことで、多くの人々に共感を広げ、関心をもってもらえます。このような知恵を絞っていくことが、今後も非常に重要なポイントです。

⦿外側からツーリズムを見るときの課題

18頁の図表7「ツーリズム（観光）産業とは」で、観光業界関係の多くはこの図の内側、つまり旅行業、運輸業、宿泊業という産業の内から外を見ています。

しかし、外から中を見る視点が重要になってきました。

ツーリズムの人間が外から中を見ようとしても、しょせんツーリズムの発想の枠から逃れられません。

エコの方から見るツーリズムと、ツーリズムから見るエコは、意見や利害がぶつかっている部分があります。そこの議論をしっかりする必要があります。両者が交わる協会のような組織があれば、より深い議論ができるでしょう。

たとえば、ヘルスツーリズムの議論をすると、医療産業と旅行業者の双方が協議する問題となります。

最近は、人間ドックと旅行を組み合わせたツアーが数多くありますが、仮に旅行会社があっせんした病院で外科手術をした場合、万が一死亡事故につながったらどうすればいいのでしょうか。医療事故は病院と患者の関係になります。

しかし、病院を紹介した旅行会社に責任はないのかという議論も出始めています。そのようなときのちゃんとした制度や役割の議論が醸成されていません。

医療ツーリズムに私たちが足踏みするのは、その問題が要因です。

旅行業法は消費者保護の観点から法整備されています。4泊6日のハワイフリープラン旅行（企画旅行）の最中、旅行客が自由時間中に事故に遭って死亡したとします。この場合も、旅行会社は特別補償責任を負います。JTBのルックを利用された場合には、まず2500万円の死亡補償金をお支払いします。

旅行業法が消費者側の立場を重視しているのは、1950年代に旅行代理店や旅行ブローカーがたくさんいて、旅行代金をもち逃げするような悪徳業者が問題になった背景があるからです。

オール・オア・ナッシングで、消費者を守り業者を取り締まる法律が制定されたわけです。

環境保全の問題もいまだに厳しい法規制になっていますし、市民や消費者を守るための法律になっています。

しかし、一番わかりづらいのが医療ツーリズムです。旅行会社は、代理の立場として見られるのか、それを組み込んだ旅行全体の主催者として見られるかで、責任の所在が大きく異なります。医療事故でも交通事故でも、死亡したのは旅行会社の責任だといわれかねません。このような議論をきちんとしておかないと、ツーリズムはすべてに関わることができるので、法律や行政を含めて、外からものを見る力が必須となります。

⊙外国人の視点の活用

政府や行政の観光ツーリズムを審議する場に、外国人の委員が登用されて意見を述べ、改革の提案をすることがよくあります。これは非常に大事なことです。

インバウンド拡大をめざすならば、日本の外からツーリズムを見てもらう人の存在は不可欠です。その点、観光大国のフランスの取り組みには目をみはります。

フランス観光開発機構という組織があって、全世界に100名あまりのアドバイザリー・メンバーがいるのです。JTBの社員にもひとりいますが、日本には10名のアドバイザリー・メンバーがいます。

以前は、原則2年に1回ベルサイユ宮殿のような代表的な場所にアドバイザリー・メンバーを集めて、いまのフランスの観光の何が問題かを検証し勉強会を行います。

フランスは総観光客数では世界一でも、滞在日数や観光中の消費額でどうしてもスペインに抜かれてしまう。どうしてそうなったのか、フランス観光開発機構は外の人と徹底議論をしています。そして新しい戦略をつくる。観光先進国とは、そういう国のことをいいます。

しかし、日本はそこまでやっていないでしょう。国内だけの議論になっています。

外国人で日本のことをマニアックに愛好している人はたくさんいます。そういう人をアドバイザーにしたらいいのです。

先に挙げたデービッド・アトキンソンさんやアレックス・カーさんもいらっしゃるのですが、お笑いタレントさんや実業家の中にも、日本が大好きで日本で活躍する外国人の方もいます。日本人で英語をしゃべれる海外経験者でもいいのですが、外国人に日本のアドバイザリーをやってもらうという仕組みをつくりたい。そういうことはフランスから学ぶべき点です。

しかし、フランスの観光アドバイザリー・メンバーのように、予算を使っても観光について真剣に考える勇気があるかどうか。東京オリンピック・パラリンピックが終わった後、10年間で6000万人をめざすのであれば、このような機関が必要になると思います。

ここで、私の体験をお話ししましょう。2010年にアジア初のWTTC世界大会が北京で開かれたときのことです。

当時のジャン・クロード理事長の奥様は日本人の方でした。２０１０年の日本人の大会参加者は、私を含めわずか3人。

それを見てクロード会長夫人が、「日本はこのままだと中国に負けてしまうわよ」と指摘したのです。

これで危機感が生まれ、２０１２年に日本大会開催に向けて準備委員会を設置し、数億円の予算がかかっても招待客を呼んで実行することにしました。

いまはアジアからの観光客が圧倒的ですが、問題は欧米から観光客がたくさん来られるようにすることが重要です。

そのためには、いま日本に在住して見識のある外国人の目線で語ってもらうことです。そして、ツーリズムのプロのような人に評価してほしいものです。

そういう意味で、ＷＴＴＣはツーリズム産業の集まりなので、ワールドカップやオリンピックまでの間、彼らが日本をどう見るかの評価やコメントが出てくるのもこれからです。

これを糧にして、２０３０年までの絵をどう描いていくか。そこが勝負ではないでしょうか。

第4章

2030年「ポストオリンピック」の旅

ツーリズムが引き金となる「第三の開国」

◉明治維新からの西洋文化流入と日本文化停滞期を超えて

明治維新に日本へ西洋文化が流入し出してから、まだ１５０年しか経っていません。途中に戦争という空白の期間がありました。

日清・日露戦争を経て、１９４１年から１９４５年までが太平洋戦争で、戦争の傷跡から復興する１９５５年くらいまでは、日本から文化が途絶えたといえる時代でした。

この時期は、暮らしに文化を取り入れる習慣と時間が日本人にはなかったでしょう。そう考えると、西洋文化の実際の流入期間は１００年足らずとなります。ましてや、西洋文化の大衆化が進んだのは、ここ50年ほどです。

この30年で海外旅行が一般化し、行ってみて初めて自分の目で西洋の文化を知ったり、ビジネスマンであれば駐在員が現地のパーティーに出たりして、西洋文化を本格的に知るようになりました。欧米の立食パーティーに驚きもしたでしょう。日本のパーティーとはやはり違います。

ビジネスの国際会議でも、海外は朝食会を兼ねるミーティングが非常に多く行われます。ブレックファーストミーティングには飲み物とパンやチーズなどの軽食が置いてあります。日本人の定食のように、ご飯とみそ汁がセットになっているわけではありません。これが文化です。会議テーブルの上にも、水のほか、チョコレートやナッツなどのスナックが置いてあります。日本ではせいぜいペットボトルの水です。

休憩時間のコーヒーブレークは、自分でコーヒーを入れて飲みながら、列席者同士が談笑します。そういうミーティング文化は、日本にいままでなかったものです。

しかし、いまは日本にそのような文化がだんだん混じり合ってきています。

西洋文化はもともと合理的にできています。一方、日本文化はこだわりでできていますので、面倒くさい形式主義があります。そういう中で、日本文化は駆逐されていく可能性があります。しかし、日本人がぜひとも守らなくてはいけない日本文化もあります。それをオリンピック・パラリンピックまでに再定義する作業が必要です。

モノや技術は進化します。新しい技術が生まれると、古いモノには戻りません。液晶テレビを買った人がブラウン管テレビは買いません。スマートフォンをもっている人は、固定電話を買うこともない。ところが、ツーリズムの文化は、過去—現在—未来を行き来するのです。

たとえば、昔の湯治場は、現代でいえばヘルスツーリズムです。十返舎一九の『東海道中膝栗毛』は、いまでいえば旅行ガイドブックの「るるぶ」です。お伊勢参りや富士登山参拝に行く巡礼者が旅行資金を貯める伊勢講や富士講という積み立てもありました。これは、いまの会員制積立旅行ではないでしょうか。

旅の文化は、国が平和で豊かなときに育まれます。

江戸時代の260年間は、ときに飢饉もありましたが、基本的に豊かで平和な時代でした。だからこそ、旅文化が醸成されたのだと思います。

日本の旅の文化は、戦国時代以前にはありません。農業や工業の文化はありますが、旅ができるようになったのは江戸時代以降、豊かに花開いたのは元禄文化以降です。幕藩体制下の江戸は、文化が豊かに成熟した都市でした。

ところで、京都や奈良同様、たとえば島根県の松江は空襲に遭っていません。天変地異もなく、街の中に昔の面影を残したままです。そのような場所は日本にいくつもあります。

災害も戦争も受けていない街が残されています。京都が「前の戦では…」というのは「応仁の乱」だという笑い話がありますが、本当にそのようなところはツーリズム産業にとって大切にしたいものです。

ツーリズム産業の使命には、人々の生活を幸せにしていく身近な使命もあります。ツーリズムは人生の「うまみ産業」ですから。人は誰も、ただ普通に人生を送っているだけではつまらないでしょう。

人生に山あり谷ありをつくってあげるのがツーリズム産業だと思うのです。日常とは異なる体験を提供して、人々の人生を豊かにするという使命があります。

国家としての戦略のほかに、マーケットインの戦略があります。JTBの経営理念のように、「地球を舞台に、人々の交流を創造し、平和で心豊かな社会の実現に貢献する」使命があるのではないでしょうか。ただ、文化をつくるにはたいへんな時間がかかります。

明治に入り、鹿鳴館に象徴される西洋文化流入時代を経て、「ジャパン・ツーリスト・ビューロー」（JTBの創立時の組織名）が発足したのが1912年です。

最初は外客を世界中から誘致して国益に資することが目的でしたが、だんだん富国強兵政策が強まり、旅の文化が移動ということにしかならなくなって、旅にとって冬の時代を迎えました。

明治から77年経って太平洋戦争が終わるのですが、その間に、江戸時代に花開いた旅が一度死んでしまったような気がします。

明治時代の最初は、国を強くするとともに、外客を獲得して国益に資するとビジョンを掲げたのに、大正～昭和初期を経て、だんだんそのような意識がどこかへ行ってしまいました。もしあの戦争がなければ、旅はもっと成熟化していたと思います。戦後はその仕切り直しだったのです。

しかし、その戦後70年も、産業はモノづくり中心できていますから、21世紀のいまこのとき、やっとここからが日本のツーリズム産業が成長する皮切りといえなくもありません。

私は２０１６年８月21日のリオオリンピックの閉会式で、「ＴＯＫＹＯ ＪＡＰＡＮ」とコールされた日がスタートだと認識しています。

そこから世界中へ発信されたわけですから、世界中の人が次は日本だ、東京だと注目しています。日本はどういう国だろう、東京はどんな街だろうと調べています。そのときに魅力的な情報が発信できているかどうか。これが大事です。

いずれにしても大きなチャンス到来です。

◉2020年は〝第三の開国〟となる節目

さて、日本の戦後をみると、仕切り直しの最初に出てきた旅のブームが、１９６４年の東京オリンピックだったと思います。ですから、２０２０年の東京オリンピック・パラリンピック以降は、私たちツーリズム産業にとって、次の大きな転換期になるという思いを強く抱いています。

私たちツーリズムの人間は、オリンピック・パラリンピック関係者が舞台さえ整えてくれれば、ここに何を乗せるかはいくらでも知恵を絞れます。いろいろなイベントと組み合わせることもできます。大手広告代理店や芸能事務所を含めて、コンテンツをつくる会社はいくらでもあります。

しかし、大きな舞台はどうしても政府がつくらなくてはいけないものです。世界的スポーツイベントの大きな特徴は、ラグビーワールドカップのように全国区でやることです。これは地域振興につなげられます。

2002年に日本でサッカーワールドカップを開催したときには、大分県の中津江村がカメルーンのキャンプ地となって大きな話題になりました。私は別府支店に赴任していたこともあり、中津江村はよく知っていたのですが、多くの人はサッカーワールドカップまでこの村の存在を知らなかったでしょう。

今度のラグビーワールドカップは、試合会場だけでなく練習場も必要です。開催期間が長いので、ベスト8に残るチームは1カ月半も日本に滞在します。この間ずっといなくてはいけないのです。選手もいますがコーチ、関係者もいます。メディアの記者やテレビのクルーも押し寄せるでしょう。

少なくとも、ベスト8に残る国・地域の場合は、取材陣が来ます。そういう人たちは日本を取材して各国にニュース記事や映像を配信します。自国チームの合宿所が大きく紹介されることが想定されます。

2019年、20年と2年続くビッグイベントは、日本をアピールする絶好のチャンスです。ここがまさに日本のツーリズムの節目にならなければ、ツーリズムの将来は見えてきません。2002年のサッカーワールドカップ開催のときも同様のムードがありましたが、日韓合同開催で、地方創生という意味からは中途半端な誘致になりました。

しかし、今回の2つの大きなスポーツイベントは、外国人旅行者をどう迎えるかの試金石となるでしょう。スポーツと文化とツーリズムの連動を証明できるわけです。それをどうやって演出し伝えていくか、いかに日本人にとってそのことが大切かを再確認するときです。

人流的にみると、第一の開国が明治維新、第二の開国が1964年の東京オリンピック。そして、2020年が「第三の開国」となります。インバウンド4000万人とアウトバウンド2000万人、合わせて6000万人の交流大国になる節目となるでしょう。

1964年の東京オリンピックの後、次に1970年の大阪万博に続くディスカバージャパンの70年代を経て、つくば科学万博があったのが1985年です。そこからバブル時代を挟んで91年に湾岸戦争と、旅行産業をめぐる環境にはいくつかの節目がありました。

２０３０年にインバウンド人口を６０００万人にするために、いま何をやったらいいのか、おのずから答えは見えてきます。その答えはすでに欧州にあります。

イギリスは産業革命の後、結局モノづくりはほとんど残りませんでした。金融と観光に特化して、歴史的建造物を保護するナショナルトラスト運動など数多くの取り組みを始めとして、湖水地方等の観光政策を進めました。

イギリスはゴルフ、テニスなどのスポーツやいろいろな文化の発祥の地です。スポーツとツーリズム、グリーンツーリズム、そしてロンドン市場を中心とした金融を主要産業に据え、戦略を変えつつ、匠の世界はしっかりと残していました。靴や背広、帽子などのファッション産業です。それでいまのイギリスがあるし、フランスも同様です。

竹は節目が大きいときに伸びていきます。その節目が小さいようでは淋しい。この節目を乗り越えられれば、ようやく２０３０年に向けての観光大国ビジョンのスタートが切れるのです。

⦿旅の成熟化にあたり何を提供していくか

この章では、２０３０年に向けてのツーリズム産業の課題を、私なりに整理してみました。日本の旅もいま、成熟化しています。マーケットが伸びない成熟化ではなくて、旅のかたちが変わり、旅行会社が用意するツアーに参加するだけでなく、個人が自分で旅行プランを組んで手配して行けるようになりました。

そのような旅の多様化に、どのように対応していくかが問われます。これは日本人の海外旅行、国内旅行、インバウンド旅行、すべての対応にいえることです。

そのような意味では海外旅行も、いままでのように旅行会社があらかじめ行く場所をプログラムして提供するというよりも、現地で情報を提供するスタイルになっています。

特に、ハワイ行きのツアーは、事前に何も予約しなくて行っても楽しめます。ＪＴＢなら、フライトと部屋さえ予約しておけば、あとは現地のルックＪＴＢデスクに申し込めばいいのです。

ハワイの場合は1週間くらいの滞在旅行客が増えました。たとえばゴルフなどのアクティビティを事前に予約しても、その日が雨になってしまったら困ります。現地デスクにその都度の予約であれば、翌日に延期することも可能です。ルックＪＴＢデスクには、そのようなオプションを山のように用意してあります。

ヨーロッパも同様です。パリ、ロンドン、ニューヨークもサポートデスクが設置してあります。ただ、交通機関の整備面で、スペインはやや不便です。スペインは個人で回ると10日以上かかってしまいます。これも、ＪＴＢのツアーで行けば1週間で回れます。バスで移動する効率的な周遊型の旅行形態です。

周遊型で人気なのはイタリア、オーストリア、北欧、バルト三国のエストニア、ラトビア、リトアニア、また東欧諸国のチェコ、ハンガリー、ポーランド、旧ユーゴスラビアのクロアチア、マケドニアなどです。

また、海外旅行が成熟化してきたことで、逆に国内旅行が増えているという面もあります。海外旅行をこれまであちこち行ってきた60~70代の人たちが、日本を再認識するようになってきました。

シニア世代になると、長時間飛行機に乗るのがつらくなってきます。10時間以上の長時間フライトに耐えられるのは、70代半ばくらいまででしょう。

そうすると、次にシニア層に売れるのがクルーズ旅行で、このような商品がシニアには有望です。

国内旅行はいま、新幹線で行く軽井沢や金沢が人気です。海外旅行を経験した人が国内旅行をしてみると、大発見がたくさんあるというのです。

「なんだ、日本にもこんなにたくさんすばらしいものがあるじゃないか」と、外国でいろんなところに行った方が特に驚かれます。これは国内旅行にとっては追い風です。

結局、旅が好きな人びとに、海外旅行と国内旅行を一緒に楽しんでいただけるのがベストだと思います。

昔は国内旅行に飽きた人が海外旅行をするというパターンでしたが、所得に余裕がある中高年層には海外・国内両方の旅行を楽しんでもらい、いまの若者は国内旅行をする前に海外旅行をしてもらって、年をとってから国内旅行をしてもらいたいと望んでいます。

要するに、国内旅行を海外旅行と比較してもらうことによって、初めてわかる楽しさや深さがあるわけです。

⦿爆買いの次に来るもの

２０１６年のインバウンド客数は、年間２４０４万人になりました。

何かあって３００万、５００万と減ったら、日本の消費はだめになってしまうのではないかと危ぶまれるくらい、その経済効果は膨大です。

しかし、私にいわせれば、爆買いが異常なのです。

日本人も１９７０～１９８０年代の海外旅行ブームのときは、爆買いをしていました。バブル期には、パリのブランド店に日本人が押し寄せて買いあさっていた記憶は、多くの人の脳裏にあるでしょう。

しかし、初めて自分の国を出て旅をすると、皆嬉しいものです。海外旅行をするのは、それなりに所得がある人です。

ツーリズムは、ある一定の所得層に支えられている産業です。急にお金持ちになると、爆買いに走るのは自然の成り行きだと思います。

日本人もそういう爆買いを70～80年代に経験して、90年代に入ると落ち着きました。そう考えてみると、中国にしてもアジアにしても、これから爆買いはなくなってくるでしょう。

いまのようにSNSが発展した時代に、固定電話を買う人はいません。いまや発展途上国のほうがスマホの普及率が高かったりするのです。

そういう人たちが、日本に来て何をするかというと、買い物熱はそれほどでもなくなります。いまはインターネットでショッピングができる時代です。

その場合、旅行に行って買うものは何かというと、おのずから時間が過ぎるとわかってくるでしょう。

いまは文化体験より買い物などが目的だと思いますが、5～10年後になると、旅の目的はそれだけではなくなるはずです。

なぜかというと、東南アジアはフランス租界であったりイギリス租界であったり、もともとヨーロッパの列強が植民地化していた場所です。

香港、マカオも同様です。中国でも上海はフランス租界、青島はドイツ租界です。青島のビールがおいしいのも、上海の料理がおいしいのも租界時代の影響です。

このような国の富裕層は、フランスなどヨーロッパの大学を出た人が圧倒的に多く、40～50代の人たちが経営者などになっています。

そういう人たちが旅に出始めているとすれば、彼らの感性はヨーロッパ人です。日本人以上にヨーロッパ的な感覚をもっているかもしれません。

そういう人たちが日本に来て、その魅力に気がつくのにそう時間はかからないでしょう。そうすれば、欧米人のような旅行をするようになります。

そのようなときに、日本は相変わらず家電製品を売っているのかというと、そうではありません。

日本のツーリズム産業にとって、いまが気づきのときです。日本の文化財、日本の素材を磨く必要があるし、地域に埋もれているものを発掘して磨きだす必要があるでしょう。

そのためには、迎えてもてなす日本人も、自分の街の文化を学ぶ必要があるのではないでしょうか。

日本が大好きで、日本文化の知識がやたら豊富な外国人旅行客や在住者が増えています。

前章でも提言したように、日本オタクの人々の目線、視点を大事にうまく利活用していくことが必要なのです。

⦿ツーリズムが政治課題と向き合う時代に

いま、日本の国家戦略によりインバウンドは急拡大しており、ツーリズム産業は大きな変化のときを迎えています。それも6000万人という大きな数字を目標にするならば、銀座にいまの3倍の外国人が来る勘定になります。

私たちが夏のバカンスのときにパリに行っても、パリっ子は誰もいません。皆、ニースやコートダジュールなどの南仏かモナコやコルシカ島などの地中海に行っています。カフェにはアルバイトの人ばかり。

もし、日本も6000万人の訪日観光客が来て銀座に訪れるようなら、「東京都民はハワイやバリ島に避難するといいのではないか」と、パリっ子ならいうかもしれません。それがヨーロッパ人の往来感覚です。

そのような時代を迎えるならば、やはり人々の往来の自由をどう確保するかが非常に大事です。そのためには平和が大事な条件ですし、ＰＭ２・５のような環境問題の改善も重要です。

欧米人は難民問題を課題としてもっていますが、だからといって、ツーリズムの人たちとＷ

ＴＴＣの中で議論すると、難民を排除する、移民をやめるという話にはなりません。

テロ、戦争、災害、経済の破たんなど、ツーリズムも楽しいだけではなく、シリアスな課題に多く直面します。日本のツーリズムは難民や移民の問題に直接的なかかわりはなく、なかなか日本人にはわかりづらいものです。政治的課題から見て、ＴＰＰ、ＥＰＡ、ＦＴＡも、ツーリズムの範疇に入ります。

２０１６年に、第１回世界観光開発会議が北京で開かれました。そのときのテーマは貧困と平和です。ツーリズムがどのように貧困と関係があるのか、日本人にはなかなか理解しがたいテーマです。

しかし、広い意味のツーリズムは、往来の自由、難民、移民、貧困も解決しなくてはいけないものであるため、深い議論がなされました。中国や東南アジア、アフリカからも参加しています。観光大臣や首相も出席していました。

ＷＴＴＣ理事会の場で、私はすでにこの難しいテーマに直面させられています。２０１５年の理事会の議題に「難民問題」が挙がりました。

ツーリズムの会議なのに、日本では考えられないことです。しかし、それが世界の潮流です。難民移民の問題は、規制によって往来の自由を阻害されることです。そうなればツーリズムは衰退してしまいます。インバウンドが500～600万人の時代はあまり関心がなかったものが、これからますます訪日客が増えてくると、目の前の課題となるでしょうし、今後関心が高まっていくでしょう。

日本の難民受け入れ人数は非常に少なく、2016年は1万901人の申請者のうち28人の難民認定しかしておらず、世界では最低レベルです。世界からインバウンドを呼んでこようという国になるならば、ツーリズムとして難民問題を考え、国のベースとして、次に何を訴えるかを決める必要があります。

ツーリズムの基本は「楽しい」ことです。旅の力で楽しさをお客様に伝える努力をしながら、先進国にも発展途上国にも、日本の存在感をアピールしていくべきでしょう。

旅行会社もだんだん難しい時代になってきたと感じます。

しかし、避けては通れない問題です。この問題を回避するようであれば、ラグビーワールドカップもオリンピック・パラリンピックも開催できないくらいの覚悟が求められます。

この問題を乗り越えるために何をしたらいいか。ツーリズムがその答えをもっているかもしれません。

◉留学生のホームステイをもっと受け入れる

ホームステイもどんどんやればいいのです。

国際ロータリークラブは、国際交流の一環として、夏休みになると留学生受け入れ事業を行っており、会員が分担して自宅に迎え入れる仕組みを設けています。

1家庭2泊ずつくらいでもち回ることもあります。かかった実費はロータリークラブが負担します。

オーストラリアやニュージーランドは、現地にホームステイの組織を設けています。300人の学生を2人1組で派遣したいとお願いすれば、150のホストファミリーをあっせんしてくれます。

留学生が来たときには学生とファミリー一同が集まり、ファミリーを紹介して挨拶をしてから一緒に家に向かうという仕組みです。このようなホームステイは、交流文化としてどんどん進めることが望まれます。

一般家庭でも、ホームステイをどんどん受けたほうがいいでしょう。言葉の問題は、コミュニケーションをしていくうちに1日で何とかなります。コミュニケーションは文化力です。

文化力の向上によって日本の社会的地位は上がると信じています。

経済力で地位を示すのはもう限界です。経済力だけでいえば、いまや中国やインドの量的規模にはかなわない。

日本は、文化を武器に太刀打ちしていくべきです。そのために自分の足元をもう一度見て、日本人の良さを見つめ直すことが一番大事ではないでしょうか。

日本人も、自らの文化の良さに再度気づき始めていると感じます。

日本国憲法25条に、国民が「健康で文化的な」生活を営む権利を有するとありますが、豊かな国であることを証明するために、豊かとは何をもって豊かとするか、振り返るべきでしょう。

給料の高さだけではなく、生活や文化のレベルが高いこと、貧困が少ないこともそうでしょう。

貧困が完全になくなることは難しいですが、ツーリズムの課題の中には貧困が入っています。そのような意味では、日本が豊かな国である条件のひとつに識字率の高さがあります。これも豊かさの指標のひとつです。

文化的で健康的で、往来の自由性があって、いつでもどこでも豊かさを享受できる国として日本を確立するなら、やはり核となるのはツーリズムの発想です。スポーツや文化も交えた大きな象徴が必要だと思います。

オリンピック・パラリンピックにかけて、文化を確固たる基盤とした観光大国をつくるほうが実践的、現実的だと思います。

◉2030年のツーリズムに向けた国の役割

「文化を基盤にした観光大国」、この視点から、2020年の東京オリンピック・パラリンピックから2030年の6000万人達成まで、10年間のうちに何をするかを考え、計画化し、実行に移すことが非常に重要です。

先に述べたように、石川県の谷本正憲知事は、北陸新幹線開業を前提に金沢の総合開発計画を立てました。金沢城の敷地から金沢大学を移転し、茶屋街の電柱地中化、兼六園と金沢城の連携、21世紀美術館の開業など、総合設計していきました。

これらのことが地方創生につながっています。やはり石川県はすごいといえます。

国も観光ビジョンの実現に向けて、2030年までのスケジュールを出さなければなりません。ツーリズム産業はそのくらいの時間軸で取り組むべきです。

ただ、ツーリズム産業の隠れた使命は、時間をかけてツーリズムの文化を育てていくことです。

モノづくりは開発期間がありますが、売れるときは短期間であっという間に市場を席巻します。液晶テレビが出始めたら、ブラウン管テレビは駆逐されました。パソコンも、5年前の製品は時代遅れです。そうしないとメーカーも物が売れないからです。常にバージョンアップし、過去は振り返りません。

ツーリズムの商品企画は、一朝一夕にはいかず、じっくりつくり込むことによって長期間にわたり親しまれるものになります。しかし、市場を開拓していくという意味では、2030年までのんびりとはしていられません。

観光庁もスポーツ庁、文化庁とさらに連携を緊密にすべきです。また、人々の安全・安心を守るのは公安や防衛省、警察庁、自然災害は気象庁です。それぞれの省庁の連携のさらなる充実を図ることが必要です。

2030年の6000万人をめざすなら、そのような組織力が必要です。

⦿ハードとソフトの両面から2020〜2030年ビジョンの計画を

日本の国家戦略の中にツーリズムが入ってきていて、いまはその入口に来ています。2019年から2020年にかけては、そこにどっぷり浸かることになります。浸かりたくなくても、外からの圧力に押されて、そうせざるを得ません。

今後どのようなスケジュールで何をするか、きちんと議論をしておく必要があるのではないでしょうか。

これは、現在の安倍政権の中で注目している大事なテーマだと認識しています。

しかし、まだトピックス的です。ツーリズム政策は、ハードとソフトの両方を手掛けなくてはいけない。

交通インフラ整備や宿泊施設のほか、情報インフラの整備やコンテンツの提供などもあります。そのほかに運用の制度の規制緩和もしなくてはいけません。

明日の日本を支える観光ビジョンの中には、「文化財の理解促進」や「ソフトインフラの飛躍的改善」、「働き方と休み方の改革」など、10の改革を打ち出しており、ソフトとハードを組み合わせて総合的に取り組むチャンスが来ています。

誰かが手を挙げたから重い腰を上げてよしやろうかというよりも、3年後にはやらざるを得ないときが来ています。普通の取り組みだけで終わっていると、日本は何をやっているんだという評価になります。それだけ日本に対する期待感が高いといえます。

それを実践していくには、ハードとソフトの面でどのようなビジョンで施設をつくり、オリンピックを実現し、そしてオリンピックの後の時代は、どのように観光客に来てもらうかを明示するのです。

必ずしも2020年までにすべて完成させる必要はありません。逆に完成させないで、たとえば2023年に完成させる目途を示して、オリンピック・パラリンピック開催中にそれが動いているという印象を世界に与えることが必要なのではないでしょうか。

◉日本の文化財・芸能の見せ方の工夫

日本人には、美術品など本物を見たいという非常に高い知識欲があります。

近年でもツタンカーメン展、モネ展、興福寺の阿修羅像展などは社会現象にもなり、江戸時代の画家伊藤若冲の展覧会に44万人もの来場者がありました。ちょっと驚きです。年配者だけでなく若者も大勢来たようです。

芸術作品はインターネットでもいくらでも見られるけれども、やはり生で見てみたいという欲求が強いのです。

ルーブル美術館のモナリザだって、一度本物を目にしてみたいものです。生で見るという行為を求めることは、ツーリズムの原動力になります。

インターネットがいくら発達しても、最後はリアルな体験を求める人が増えています。リアルの体験を、ツーリズムは大いに主張しなくてはなりません。

絵画だけでなく、たとえば世界に散逸した陶器の名品を集めて展覧会をしたら、日本だけでなく世界から大勢人が来ると思います。

ボストン美術館の浮世絵も里帰りさせるといいでしょう。


しかし、東京都内の東京国立博物館、東京都美術館、国立西洋美術館は上野、東京都現代美術館は清澄、江戸東京博物館は両国と、美術館巡りには便利ではありません。美術館巡りのルートをつくるのが難しいのです。

このような大規模ミュージアムの配置は、皇居の周りがいいと私は思います。

ニューヨークは、セントラルパークの周りにメトロポリタン美術館のほか、自然歴史博物館、ニューヨーク近代美術館もあり、効率よく回れるようになっています。ルーブル美術館も街の真ん中です。

さらに、日本国内の劇場・美術館・博物館の多くは夜の帳が降りるころは閉まっていますから、ナイトミュージアムの開館時間をもっと増やしていってほしいものです。

明治座では、昨年から今年の春にかけて、夕食後に観劇ができるようにプログラムを用意しました。

ニューヨークは夜8時にテレビを観る必要がないくらいで、ブロードウェイの舞台が終わるのは11時半くらいです。それから食事を楽しめば、ホテルに帰るのは夜中の2時です。

スペインも、夜はフラメンコのショーがあります。8時を過ぎたらホテルに帰るのは東京だけです。

伝統芸能に関していえば、深夜に及ぶ公演はありません。伝統芸能を観るにしても、場所が不足しているという問題があります。これからでも整備しておく必要がある問題です。

オリンピックがゴールではなく、そこまでに練習しておいて、その後10年間、文化や伝統芸能の提供力を磨いて、2030年のインバウンド6000万人時代に備えておくべきです。

これは日本人にとっても必要なプロセスではないかと感じます。

⦿魅力的なルート観光を新しく打ち出す

訪日外国人観光客が多く訪れる東京・箱根・富士山・京都・大阪をめぐるルートをゴールデンルートといいます。日本に来て最初に訪れたい場所の代表で、実際外国人客がよく訪れています。

私たちの場合、海外旅行でルートはものすごく大事にしている言葉です。ロマンチック街道やロンドン・パリ・ローマなどがひとつの例です。初期の海外旅行パッケージは、皆ルートで売っていました。しかし、あまりルートを強調するのもよくありません。

日本の旅行商品企画は、国内旅行部門担当者はイベントづくり、海外旅行担当者はディスティネーションを伝えるルートづくり。これが長い間の旅行会社の仕事でした。海外旅行商品をつくってきた担当者は、ルートをつくるのがうまいのです。

限られた1週間、あるいは10日のうちに、どういうルートで回ると効率よく楽しく旅行できるかに知恵を絞ります。

日本の場合は、1泊2日または2泊3日の需要が多いという実態があります。東京に来る観光のお客様が楽しみにするのはディズニーランド、原宿通りを歩くイベント、谷中の街歩きをする。こういう旅行は外国人が喜ぶルート観光です。

そこでインバウンド向けにルートをつくるのですが、皮肉なことに、日本人の商品企画者がルートをつくるのに慣れていない。長期間の旅行をしないことも要因です。

職場旅行も1泊温泉付きの近場への旅行が圧倒的に多いのが現状です。いい食事をしたい、何かイベントがあったら楽しいねという発想に偏る傾向も見受けられます。

私たちも30数年前に、西ドイツ政府からゲーテ街道など何十という観光コースを提示されました。いま残っているのがロマンチック街道です。いろんな国から観光ルートの提案を受けますが、たとえばカナダでも、残っているのはメープル街道だけです。

アメリカではルート66やパシフィック101をめぐる旅が売り物になっています。ハーレーダビッドソンでアメリカのハイウェイを走るツアーが日本人に結構売れています。しかし、日本の旅行会社はどうもルートのネーミングがうまくありません。アジア人とヨーロッパ人は感性が違うので、そのあたりも考慮しなくてはなりません。

これから国内旅行産業がしっかりすべきなのは、世界の潮流を知り研究することです。最初はゴールデンルートに行きたくなるのは当然です。しかし、日本のファンになって二度目の旅行客になったら、次は山陰でも九州でも北海道でもいいでしょう。

日本人の海外旅行も、最初ロンドン・パリ・ローマに行ったら、次はフランスでもアルザスやモンサンミシェルに行くなど、違う地域も見に行きたくなります。

ドイツ旅行も、最初はベルリンから始まります。二度、三度と行くうちに、ポツダムも行ってみたいと思うようになります。

特に、日本人にとっては、ポツダム宣言がなされた地ですから、特別な場所です。

人を動かすためには目的が必要になります。昔の旅は、ただ温泉旅館に泊まるだけで良かったのですが、いまは旅が目的から手段に変わり、どういう旅をするかが問われています。

昔は「ハワイに行きますか、それともヨーロッパに行きますか」と問われて、「おお、行きたいね！」で良かった。しかし、いまは「何のために行くのか」が問題です。こういう理由で行きたい、行って何をしてみたいという理由やテーマが大事なのです。

インバウンドの拡大には、地方の文化の発信と交流の拡大がキーであることは間違いありません。しかし、地方文化の発信には、自分たちの文化をきちんと理解していないため、ルートをつくってもうまく発信できていないと思える節があります。これは、まだこれから取り組むべき課題です。

ツーリズム産業が直面するグローバル化の波

◉WTTC副会長の就任から見えてきたアジアのツーリズム課題

ＷＴＴＣには、いま世界各国から１５０団体が所属しています。

２０１６年４月に、私は北アジア・東南アジア・太平洋州を担当する副会長に就任しました。最大のテーマは、旅を通じて世界をよりよくしていくことです。

そのために往来の自由を保障して、それぞれの国と国との地域間の連携を向上し、最終的には平和と経済に貢献するというのがＷＴＴＣの目的です。

もともとＷＴＴＣのＴはTravel、もうひとつのＴはTourismを表しています。この団体名は、トラベルとツーリズムを並列させているのが特徴的です。

日本人にとってはトラベルもツーリズムも同じように聞こえるのですが、意味は違うのだと思います。旅行そのものはトラベルであり、ツーリズムは人が移動して交流する概念全体を表します。

旅行するには意味があります。旅行した結果、何かが生まれなくてはいけない。それがツーリズムです。世界をよくするための力、その結果、地域経済や平和に貢献するというＣＳＲ的な視点もあります。

私の役割は、格好良くいえば、東南アジアがこれから成長過程にあるとすれば、東南アジアの国のあり方として、またＷＴＴＣ副会長としてツーリズムをどのように導くかを念頭に置いています。

私は政治家ではないので、ツーリズムのプロとして、ツーリズムを用いながら、国の力を引き出し、またけん引することが役割です。そのためにアジア各国を観光立国にしていくのです。その国が観光で豊かになり、経済が豊かになったら必ず平和が訪れる。旅行業や観光業に平和を導く力があるとすれば、結果的に東南アジアをそういう国々にしていきたい、という思いがあります。

2017年のWTTCのグローバルサミットを東南アジアで初めて、バンコクで開催しました。政治課題として、往来の自由が阻害されることが一番の問題です。そのような意味では、自分の担当エリアの往来の自由性を高めていくことが求められています。

2015年末に東南アジア諸国連合（ASEAN）に加盟する10カ国が、域内の貿易自由化や市場統合などを通じて成長加速をめざす、広域経済連携の枠組み「ASEAN経済共同体（AEC）」が発足しました。

域内人口は欧州連合（EU）を上回る計6億2000万人で、域内総生産が2兆5000億ドル（約300兆円）に達する巨大な経済圏が本格始動することで、この区域のツーリズム産業にも良い影響を及ぼすことを期待しています。

いずれにしても、北東アジア、東南アジア、オセアニアの観光面での活性化が私の重要な役割です。

⦿アジアのツーリズム成長と日本の役割

私は2014年、WTM（World Travel Market）というロンドンの国際観光旅行見本市に参加しました。

いま世界の三大ツーリズム展示会といわれるのは、ITBベルリン、ロンドンのWTM、ツーリズムEXPOジャパンです。B to Bの展示会は他にもあります。エクスポでは必ず観光大臣会議を行います。

WTMでJATAの会長としてお話しさせてもらいましたが、スポーツイベントが日本に決まったので、メガイベントに私たちはどう対応するかという考え方を出しました。

そのときにチュニジアの女性大臣が発言しました。

「大国は皆オリンピック、サッカーやラグビーのワールドカップなど、大規模な大会をイベントとして捉えるけれど、私たちは小さな国だから、そんなものを呼べる財力はありません。しかし、私たちは小さいながらも音楽祭などを企画して実施しています。こういうイベントがツーリズムには最も必要ではないでしょうか」

普通、どうしても大きなイベントばかりに目が行きがちですが、この意見を聞いたときに、私たちは驕《おご》っていると思わざるをえませんでした。

しかし、ASEAN諸国の中でそういうことができるようになり、ヨーロッパと同じレベルになれるとすれば、私たちがやるべきことは、アジアでのツーリズムの成長を応援することです。

タイ、マレーシア、ベトナムで世界大会ができるかというと、まだ現実的ではありません。そうなると、文化や芸術の中で、アジアの中で日本がリーダーシップをとり、ASEAN各国に指導や提案はしていくべきだと思います。

戦後、日本は経済やモノづくりでは貢献しましたが、人々の交流という面でどうやって貢献をしていくのか。ＪＩＣＡとも協力していきますし、国際交流基金の中でも交流し続けるべきです。

そこまで踏み込まないといけない時代です。そうでないと、日本のステータスや立ち位置、そして価値が出てきません。

ラグビーワールドカップのときには、ぜひそのような継続的な交流に向けて取り組みをしたいものです。

◉グローバル資本と旅行産業の世界展開

旅行業者の多くは日本から出ていっていないのが現実です。実際に大きな世界戦略の話をしているのはＪＴＢとＨＩＳだけではないでしょうか。

いまのホテルは、経営と資本の分離をしているケースが多く、日本の社会でグローバル化を進めているというサービス業はそうたくさんないのが現状です。

和倉温泉の加賀屋は台湾に温泉旅館をオープンし、旅館業で初めての海外展開を実現しました。いま、経済産業省は日系ホテルの世界進出を支援しようとしています。ようやく、日本の宿泊業もグローバル化に乗り出しかけています。

これから日本が2050年、2060年と人口が8000～9000万人台まで下がるとなると、世界進出に向けて何か対策を打たなくてはいけないのは間違いありません。

1億人までなら国内で商売をしていけるといっても、それを割り込んだ時代にどうするかです。グローバル化は製造業が先行しており、進出時の課題については情報を得ているのですが、日本のサービス財が海外に出にくいのは資本金や財力の問題です。

そういう意味では、世界で戦うのはなかなか難しいものがあります。

メーカーの現地化は工場の労働者が対象ですが、サービス財の提供は個人に蓄積する知恵と経験、感性が重要です。

しかし、海外の人材を活用することは避けて通れません。人材の現地化は確かに必要です。海外で世界戦略をもっている旅行会社は、ネット上で事業展開する米国のプライスラインやエクスペディアでしょうか。その程度です。製造業のグローバル化に比べるとごくわずかに過ぎません。

ロンドン発ニューヨーク行きを経由し、ニューヨークから北京へ行く。こういうツアーを日本の旅行会社が中国でつくるのは難しいかもしれません。

戦後、商社は各国でビジネスを展開し、政府や販売先との接点をつくり、そこにメーカーが行って製品を売り込み、世界へ進出していきました。

長い期間をかけて販売力ができたわけですが、旅行業界の場合は、世界展開を視野に入れ始めたのはわずか10年足らずの話です。

日本もインバウンドが増えたことから、旅行業のグローバル化の議論がこれからようやく本格的に動き出すことでしょう。

⦿国際的なツーリズムの潮流～MICE、IR、ロングステイは日本でどうなる

その他に、日本を取り巻く世界のツーリズムの大きな潮流の中から、２０３０年までに対策が必要な課題を挙げておきましょう。

世界的に拡大成長するMICE

いまアメリカやヨーロッパではＭＩＣＥが注目されています。

企業等の会議（Meeting）、企業等の行う報奨・研修旅行などのインセンティブ旅行（Incentive Travel）、国際機関・団体、学会等が行う国際会議（Convention）、展示会・見本市、イ

ベント（Exhibition/Event）の頭文字のことであり、多くの集客交流が見込まれるビジネスイベントなどの総称です。

イギリスでは約6兆2100億円の経済効果があり、英国内観光産業の35％を占める大きな産業となっています。国際会議が世界で一番多いアメリカではさらに規模が大きく、MICEの経済効果は33兆円と試算しており、これも観光産業全体の3分の1を占めています。

片や日本では、正確なMICEの経済効果は出ていませんが、観光産業全体の経済効果が25・5兆円（2015年）と観光庁は算出していますので、仮に3分の1だと考えると、現在は8兆円ほどが見込まれます。

MICEの主要効果を、観光庁は次のように定義しています。

1) ビジネス・イノベーションの機会の創造

世界から企業や学会の主要メンバーが集うことは、海外とのネットワーク構築、新しいビジネスやイノベーションの機会を呼び込むことにつながります。

2) 地域への経済効果

主催者、参加者、出展者等の消費支出や関連の事業支出は、MICE開催地域を中心に大きな経済波及効果を生み出します。会議開催、宿泊、飲食、観光等の経済・消費活動の裾野が広く、また滞在期間が比較的長いと言われており、一般的な観光客以上に周辺地域への経済効果を生み出すことが期待されます。

3) 国・都市の競争力向上

国際・国内相互の人や情報の流通、ネットワークの構築、集客力などはビジネスや研究環境の向上につながり、都市の競争力、ひいては、国の競争力向上につながります。海外の多くの国・都市が、国・都市の経済戦略の中で、その達成手段の一つとしてMICEを位置付け、戦略分野/成長分野における産業振興、イノベーション創出のためのツールとして国際会議や見本市を活用しています。

90年代までアジア・大洋州主要国（日本・中国・韓国・シンガポール・豪州）における国際会議の開催件数は、日本がシェア4割と多かったのですが、近年はアジア各国でのMICEの誘致が進み、2016年のシェアは日本が28%の33万7410件、それに対し中国もほぼ同率で41万332件と追いつかれました。

世界における国別国際会議開催件数でも、日本は6位、中国は7位です。

「明日の日本を支える観光ビジョン」の中でも、観光先進国の実現に向けて、3つの視点のうち、「観光産業を革新し、国際競争力を高め、我が国の基幹産業に」するための方策のひとつとして、「MICE誘致の促進」を挙げています。

政府レベルで支援体制を構築するため、2016年9月にも「MICE国際競争力強化委員会」を開催し、①レセプションでの国立施設の使用許可、②ポスト・コンベンション／展示会向け施設の拡充、③グローバル企業のビジネス活動を支える会議施設等の整備支援等、の施策を実施していくものです。

国際的なスポーツイベント、APECやIMFなどの国際会議の誘致は、国家戦略として具体的なプログラムとプロセスを経て対応すべき問題です。

日本が観光先進国をめざすのであれば、この先20年くらいのレンジで対応する行政官庁が必要です。

一方、民間レベルで展開すべきテーマとしては、「M」と「I」です。

特に、インセンティブビジネス「I」については、ツーリズム産業として大いに日本誘致を促進する必要があります。日本にはグローバル企業が数多くありますので、そこで行われるインセンティブビジネスをできるだけ多く日本で開催するよう促すことは、日本経済にとっても大きな経済効果を生みます。

また、ミーティングビジネス「M」は、日本ではなじみが薄いのですが、欧米では専門に扱う人材が存在します。単に会議をするのではなく、その準備から運営まで一貫してコーディネートするビジネスです。たとえば、会議の成否が運営の良し悪しにかかってくる株主総会の開催などは、一番の好事例です。

IR（統合型リゾート開発）の波

いま、世界ではラスベガスやマカオ、シンガポールなどをモデルとした、カジノを含む統合型リゾート開発が注目されています。

IR（Integrated Resort）は、ホテル、ショッピングモール、レストラン、劇場、アミューズメント、国際会議場などのMICEを含めた複合的な施設に加え、大きな収益が見込めるカジノを設置してリゾート地を開発し、富裕層を中心にインバウンド客を引き寄せようとする大規模な観光開発です。

国会でも特定複合観光施設区域の整備の推進に関する法律案（IR推進法案）が2015年

4月に提出され、2016年12月13日の参議院本会議で可決されたあと、翌14日衆議院本会議で採決され、可決・成立しました。

日本においてIRの展開は難しい問題です。しかし、避けては通れないのは間違いありません。

ある海外の方から「田川さん、日本には海洋リゾート地はありますか」と質問されたことがあります。一瞬考えたのですが、沖縄といっていいのか迷い、返答に窮しました。海水浴場は日本各地にあるものの、リゾート地として戦略的につくられたものかどうかは疑わしい。日本の気候風土は台風や天変地異があって、海洋観光開発は展開が難しい部分があります。

しかし、IRは将来的には必要となります。Integrated Resort ですから、リゾートをつくるという総合開発計画があって、その中のひとつの施設としてカジノがあるという捉え方です。極端にいうと、カジノだけなら欧米の街にいくらでもあります。不法な施設ではなく、公営や認可を受けた施設です。

ただ、難しいのはカジノという利権にかかわる人や組織の問題です。IRとカジノは分離して開発したほうが良いと思います。日本には競馬、競輪、ボートレースなどの公営のギャンブルのほか、パチンコなどの遊興施設があります。これとカジノ問題の関連を整理するのが難しい。是々非々で考えるべきです。

もしカジノをやるならば、入場資格や運営者の要件などをきちんと整理し、そこで働く人についても人材養成の学校を設立するなど、一定の資格を設定すべきでしょう。

カジノはＩＲの道具のひとつとして必要ですが、カジノ施設だけがＩＲではありません。

ロングステイの受け入れ

２０１７年6月にロングステイ財団の会長をお引き受けしました。

私は１９９８年から2年間、ロサンゼルスで海外駐在を経験しました。実際に住んでみないとその土地の良さはわかりません。

何回もその土地を旅行で訪れた人より、少しでもその土地に住んだことのある人のほうがその土地をよく知っています。

海外旅行で1カ月滞在してもロングステイにはなりません。旅行とロングステイの違いは、地元との触れ合いがあるかどうかです。

地元のイベントに参加して、地元の人たちと語り合うことでその土地の文化に触れることができるのです。

団塊の世代は、カルチャーセンターに通っていたり、教養を深めたり、語学留学したり、暖かいところでゴルフをしたりと、非常に有意義に時間を過ごすことを得意としており、ロングステイをけん引していく存在だと思います。

一方、ロングステイは日本から出ていく話ばかりでなく、日本に入国してロングステイをする訪日外国人たちも増えていただきたいと思っています。

空き家や古民家、町家を活用して、ロングステイを楽しんで地域とコミュニケーションを深め人生を豊かにする、そのような仕組みを提供するお手伝いもツーリズムの重要な役割のひとつだと思います。

デジタル社会とツーリズムの関係を考える

⦿ICTの進化は販売モデルを変える

旅行会社の店頭に並ぶ国内旅行、海外旅行の色とりどりのパンフレット。夢をかき立て、人々を旅に誘います。

そのパンフレットを家族や友人など旅の同行者と眺めながら、あれこれ旅のプランを練る。この期間を「タビマエ」と呼んでいますが、実際の旅を楽しむ時間にも匹敵する非常に楽しいひとときです。

旅行会社にとって、そのパンフレットは極めて有効な販売のためのツールです。

しかし、いまはスマートフォンやタブレット端末、パソコンといったＩＣＴを活用した手段で、旅行プラン自体も含め、「タビマエ」の情報を収集する人がどんどん増えています。

また、旅の最中「タビナカ」での情報収集でも、スマートフォンやタブレット端末で検索を行う人が多いと思います。

ＩＣＴは、確実に人々の情報収集、そして予約手段を変えました。そして旅へ行った後、「タビアト」でのフェイスブックやインスタグラム、ツイッターなどＳＮＳでの情報発信、この発信手段も、もはやいわずもがなです。

こうした人の購買に関する一連の行動を「カスタマージャーニー」といいますが、人々の多くが自らの情報収集・発信をインターネット経由で行っているわけです。

このような顧客行動を企業がインターネットを通じて収集・把握して、One to One の販売促進に生かすことが可能な時代です。

この状況下においては、旅行業界でも、デジタルマーケティングは当たり前のマーケティング活動となってきています。

旅行会社やＤＭＯなど地域観光推進に取り組む組織は、ＩＣＴを活用した情報発信が非常に重要で、実際にドイツ観光局などは、紙のリーフレットの配布は行わず、オンラインでの情報配信に１００％切り替えをしました。

情報の届く広域さとスピード、そしてコスト面で圧倒的な効果を狙っているわけです。

⦿ＡＩ、ＩｏＴをどう取り込むか

さらに、すでに私たちの日常生活、あるいは企業活動に当たり前に存在してきているＩｏＴは、これから数百億個のモノがインターネットにつながるといわれ、２０２０年には一兆個ものセンサーが情報を集める時代になりますし、ＡＩが、機械学習などでの情報をプラスします。ＡＩに関しては、ＡＧＩ（汎用型ＡＩ）が出来上がり人間を超えるという「シンギュラリティ（技術的特異点）」が来るという説には賛否両論あるものの、人々の日常生活はより便利で効率的でスマートなものに今後もどんどん変わって行くことは間違いないと思います。

旅行業界においても、ＩｏＴ、ＡＩを十分に活用することを考えています。

いくつか考えられるうちの一例を挙げれば、従来の旅行商品造成においては、非常に多岐にわたる作業である「企画」、「仕入れ」、「値決め」、「データ入力」などの仕事のうちの一部を、ＡＩの活用で効率化・高度化することができます。

市場価格、他社比較、曜日配列、トレンドなどを機械学習、さらには深層学習し、最適な競争力のあるプランを提案します。

ＡＩの活用によって造成担当者の作業時間が減りますが、その空いた時間を「さらにお客様が求める、お客様に感動を与えることに取り組むこと」に割くことができます。

担当者自身が、自ら旅をする時間も増えて、従来以上に実際に見た経験からのプランニングを行い、お客様の体験価値をいままで以上に上げることができるようになると思います。

観光業界はＩＣＴの進化を味方につけながら、大量の情報処理作業を効率化し、「旅」と「旅を取り巻く環境」の上質化を目的として、自ら進化していきます。

これによって、Ｓｏｃｉｅｔｙ ５・０の「超スマート社会の実現」に貢献できると私は考えています。

◉「Society5・0」

Ｓｏｃｉｅｔｙ５・０とは、内閣府　首相官邸から出されている、各省庁の施策のおおもとになる上位概念です。

5・0の社会ということですが、その意味は、狩猟、農耕、工業、そして情報化と、4次まで進んできましたが、その情報化社会を踏まえた、次なる経済社会のありようのことをいっています。

そのSociety5・0の定義は、「サイバーとフィジカルの融合による様々な課題解決によって、質の高い、人間中心の超スマート社会の実現を目指す」とされています。

つまり、AI、IoT、そしてブロックチェーン技術の進化など、ICT技術はますます進んでいきますが、ICTはその進化自体がもちろん目的ではなく、人間の生活を豊かにすることを目的とした、最適な技術の選択やサービスとの組み合わせが必要だということです。

Society5・0の経済社会は、やはり「最後は人間中心で、人間が何を考え、何を望み、どう行動しようとしているか」が大事で、サイバーとフィジカルそれぞれを得意とする各業界が、異業種連携によってお互いの接点を見い出しながら、ともに手を携えてそこをめざして進んでいくべきであろうということです。

さまざまなテクノロジーをおもちの企業、団体、あるいは国からも、「長年お客様の感情に寄り添い、感動を提供することに粉骨砕身し続けてきた、ツーリズム業界の得意分野の発揮」が、大いに期待されているところです。

◉情報発信できる人材養成とマーケティングを

日本のことを分析して情報を伝えることが、今後ますます重要になってきます。本当に日本の魅力を皆がわかって伝えているのでしょうか。コンテンツだけをむやみに開発して、とにかく儲かりそうなものだけ出していればいいのでしょうか。残念ながら日本の本質的な良さをまだ十分使い切れていません。伝統的なもの、クールジャパン的なもの、この両面からのアプローチが非常に大事だと思います。

10数年前から韓流ブームが日本で起き、そのブームはいま東南アジアに移行しています。東方神起やＫＡＲＡ、少女時代など、アイドルグループをつくるときに韓国の芸能事務所は最初から世界戦略を狙っているので、チームの中に英語か日本語、中国語のいずれかができるメンバーをそれぞれ配置するそうです。日本に行ったときは日本語が堪能なメンバーが会話をリードし、中国に行ったときは中国語ができるメンバーが会話や通訳を担当します。

そういうかたちでユニットをつくり上げるのが、日本のアイドルグループとは違うところです。韓国のポップスターは外国に売り出すという前提に立っています。

それに比べて、日本は日本国内が市場の中心で、外国人向けにタレントを育てるという多様なスタイルにはなっていません。

これから日本が世界から注目を浴びるとすれば、観光プロモーションに向けて、世界戦略を意識した人材養成とマーケティングを展開するように準備すべきです。

そのために、日本の魅力をもう一度しっかりと理解しなければなりません。あいまいなイメージではなく、明確なロジックを確立しておくべきです。

理論的裏づけがないと、外国人からの疑問に答えられません。

⦿訪日外国人観光客が2030年までにリピーターになるために

日本へのリピーターをつくることはそんなに難しいことではありません。どこを訪れても平和で、きれいな風景がたくさんあります。

おいしい食事も、清潔な町並みや施設も、おもてなしというホスピタリティも備えています。国民の識字率も知的水準も高く、高度な産業とハイテクノロジーとともに、歴史的背景に裏打ちされた豊富な文化が横たわっています。

そして、江戸時代の幕藩体制から細分化していった、ユニークな地域性がまだ残っています。

私が知る限り、二度と日本に行きたくないという外国人はほとんどいません。

2012年、WTTC世界大会を日本で開催しました。その前年、前々年はラスベガス、北京で開催されたのですが、北京のときの夫婦同伴は20組くらいでした。ラスベガスのときは、すでに来たことのあるご夫人も多かったようで、夫婦の参加は10数組だったと記憶しています。

それに対して、日本での夫婦同伴は何組あったと思いますか？　60組です。

2011年に東日本大震災があったにもかかわらず、応援に行きたいという声がありました。それで、東京だけでなく、仙台でも会議を開きました。そのくらい日本に興味があるご夫人が多かったわけです。

日本はそういう国なのです。行ってみたいし、一度行ったらまた来てみたい国です。

国内でも、日本の文化を実演して見せる場を意識して提供していかなければなりません。インバウンド客向けだけでなく、国内旅行客にとっても大事なことです。お正月文化を体験するにしても、いくらでもあります。家の流儀で構わないとは思いますが、日本文化の体験を味わえるプログラムの整備が必要です。

再度、明治維新前の江戸文化、あるいは大正時代までの古き良き東京文化を振り返ることが必要です。

これも東京オリンピック・パラリンピック開催が大きなチャンスとなります。このような文化プログラムも併せて開催することを提案したいと思います。

リオオリンピックの閉会式は、東京の都市の風景の中にキャプテン翼やドラえもんなど、世界で人気がある日本のアニメやゲームのキャラクターが織り込まれ、土管を伝って東京の渋谷からリオに飛び出したスーパーマリオが安倍首相になって登場するという大胆な演出が大きな話題を呼びました。

「ＴＯＫＹＯ ＪＡＰＡＮ」のコールが告げられるとともに、オリンピックは一瞬にしてリオから東京に注目が集まりました。

そういう意味でも、私たちも日本人のイメージを変えていく努力をし、広報活動をさらに強化・充実していくべきです。

日本が誇る「文化」を発信することが大事なのです。

第5章

旅が変えるこの国の未来・人の生き方

歴史から日本人の生き方と旅を俯瞰する～過去・現在・未来

⦿日本の強みと弱み両方を知り、世界に発信する

日本人の旅行意識はすでに成熟化していると思います。ひとつだけ成熟していない部分は、日本文化自体が未成熟な面があることです。

日本人が日本の内側を理解していない——これは海外駐在経験者が皆、異口同音にいうことです。

昭和30～40年代に日本は輸出大国になりました。そのプロセスからすると、失敗したのは、自分たちのことを知らずに経済成長に突き進んできたことです。

技術力、精密さ、ホスピタリティすべてが高いことは、日本の強みですが、未来に対しては、日本の強みと弱みの両方を知り、世界を知ることが必要条件であり十分条件となります。

日本人は、海外のことを世界史の勉強を通じてスポット的に理解しています。

意外にも、ワインのことやギリシャ・ローマのことは現地の人より日本人が知っているくら

いです。塩野七生さんのローマ人に関する著作などに親しんでいる方もいます。

しかし、日本人は日本文化について案外知らないものです。そのような意味では海外旅行者としての成熟度は高いと思いますが、外国人から日本のことを聞かれると困惑してしまいます。たとえば、能についても、なぜ観世流や宝生流、和泉流などたくさんの流派があるのか説明できる人は少なく、聞かれても絶句してしまうでしょう。茶道の流派も同様です。

京都で発達した公家文化と、鎌倉時代以降形成された武家文化の違いをうまく伝えられないのです。

これからの日本のツーリズム産業の発展には、日本人の海外旅行と国内旅行、外国人の訪日旅行は三位一体の発展が必要です。

国内旅行の振興と訪日旅行の活性化があいまって、国内と海外との双方を成長させていく、ツーウェイ・ツーリズムが必要です。

その過程で、日本の文化と歴史の発信は、日本人が海外に行って学んだこと、日本人として学んだ日本のこと、外国人が知りたいと思う日本のこと、これらが一体にならないと日本のインバウンドを受け入れるレベルが上がっていきません。

日本人というよりも、ツーリズムに携わる人たちが変わっていかないと三位一体の発展になりません。これらの3つはすべて関係し合っています。内と外の違いであって、何も変わりがありません。

海外の人から「田川さん、日本は面白そうだね。日本ってどんなところ？」と聞かれて答えられなかったら、外国人旅行者に説明できないということになりますから。

私たちも、日本のツーリズムにアドバイザーとしてかかわったり、ツーリズム産業に携わったりする外国人とよく会話しますが、彼らの本質的な質問に十分に答えきれていない歯がゆさがあります。

たとえば、明治維新から大正・昭和にかけての歴史は、中学・高校の授業では時間が足りず、十分勉強していないでしょう。しかし、欧米の知識層からすると、明治維新を境にした江戸時代と近代の歴史や経緯をもっと深く知りたいと思っています。

日本は、自国の魅力をしっかり世界に発信する土台ができているとはいえません。文化、スポーツ、観光というレベルを超えて、日本の歴史伝統、コト、モノを日本の47都道府県できちんと整理しているでしょうか。

⊙日本のツーリズムが世界に発信できる新たな価値

平和と安全

２０１６年は、アメリカのオバマ大統領が広島を訪れ、平和を考える機会となりました。米国大統領として初めて原爆投下地である広島の慰霊をし、スピーチを行いました。

核廃絶が世界平和に向けて近づきつつある予兆になったのではないでしょうか。

すでに触れましたが、２０１３年開催のピース・アーチひろしまの「国際平和のための世界経済人会議」で「なぜ広島に国連の平和研究所を置かないのか」と問いかけたＷＴＴＣのフレンツェル会長の発言を聞き、ファシリテーターだった私はその意見を慧眼だと思いました。

広島には平和の研究所を、福島にも同様に核の安全を問う廃炉研究所を置けば、安全・安心に対して真剣なのだというメッセージを発することができます。

日本の立場として、そういう発信力もこれからは考えていかなければならないでしょう。国としての立場だけでなく、世界から見た日本の地域として考えてみましょう。日本は唯一の被爆国で、東日本大震災では福島原発事故にも見舞われました。

これらの事実を検証しながら、ネガティブではなくポジティブに発信していく時期に来たのではないでしょうか。

これを社会学、政治学で説明するのは非常に難しい課題です。

しかし、国際的研究機関の平和経済研究所（ＩＥＰ）で、平和を定量化・指数化し、平和度を測ろうという活動が起きています（日本は２０１５年で８位）。そういうことで、日本の文化度も上げていくべきです。


安保問題などの政治課題はありますが、ツーリズムの世界は常に安全でないと困ります。保障は最大限しても１００％ということはあり得ません。

２０１６年、バングラディッシュでＩＳのテロによりＪＩＣＡ（国際協力機構）の日本人職員が犠牲になりましたが、技術支援という、日本のもつ良さを伝えたいという、まさにおもてなしの純粋な気持ちで任務についていたのに、本当に悲しいことです。

ＪＩＣＡには、ＪＴＢのＯＢもツーリズムの普及のために、開発途上の国に派遣されています。外国からエコツーリズムを知りたいという方にも、ＪＩＣＡを通じてお世話をしたことがあります。

また、旧ユーゴスラビア地域からは、傷ついた国をどうやって立て直すか、まさにツーリズムから復興しようという気持ちで教えを請いに来たことがありました。

セルビア、モンテネグロ、クロアチアと、もともとひとつの国だったのに、民族が違うだけで分裂したわけですから。

しかし、元は同じユーゴスラビア人が集まってきているわけですから、交戦していた民族同士がひとつのテーブルに着いてツーリズムのあり方を語り合ったのです。

そのテーマで同じ目標を共有し合えたのですから、平和に向けてのツーリズムは大事にしたほうがいいと、つくづく実感しました。ツーリズムだけで議論していけば、皆楽しくなります。楽しく交流しているときは、人間関係は悪くならないものです。交流が世の中に盛んに行われている。これが一番大事なのではないでしょうか。ツーリズムがそのヒントになればと期待しています。

いずれにしても、日本の根っこにある文化と、平和を求める精神をどう引き出すか、これは東京オリンピック・パラリンピックに向けて新しいメッセージを打ち出したい部分でもあります。

インバウンドは、あれよあれよと増えていますが、もし中国政府が渡航の禁止令を出せば、あっという間にしぼみます。

中国の人口は13億5700万人もありますから、政府の判断で年間1000万人の観光客のコントロールもたやすいことです。

今後はそのリスクを考えながら、全世界から人を呼び込むインバウンド戦略を立てなくてはいけません。

日本は平和国家で、災害には見舞われても政情不安や暴力にはあまりさらされていないためイメージしづらいかもしれませんが、テロに屈しない、往来の自由をなくすものについては抵抗しようという姿勢も必要です。

往来の自由性があればあるほどツーリズム産業は発展して、相互理解が増え、結果的に平和に近づく。私たちツーリズム産業がこういうロジックをもちながら活動する、この流れがこれから大事かと思います。

持続的発展

いま、世界の観光の最大テーマは、持続的発展です。

２０１５年９月の国連サミットで、SDGs が採択されました。

SDGs（エス・ディィー・ジーズ：Sustainable Development Goals）は持続可能な開発目標という意味で、国連加盟国１９３カ国が２０１６年～２０３０年の15年間で達成するために掲げた目標です。

図表20　持続可能な開発目標（SDGs）

①　貧困をなくそう	⑩　人や国の不平等をなくそう
②　飢餓をゼロに	⑪　住み続けられるまちづくりを
③　すべての人に健康と福祉を	⑫　つくる責任　つかう責任
④　質の高い教育をみんなに	⑬　気候変動に具体的な対策を
⑤　ジェンダー平等を実現しよう	⑭　海の豊かさを守ろう
⑥　安全な水とトイレを世界中に	⑮　陸の豊かさも守ろう
⑦　エネルギーをみんなに　そしてクリーンに	⑯　平和と公正をすべての人に
⑧　働きがいも経済成長も	⑰　パートナーシップで目標を達成しよう
⑨　産業と技術革新の基盤をつくろう	

出所：国際連合広報センター
日本語コピー制作協力：博報堂クリエイティブ・ボランティア

これらの目標に対して、それぞれの業界が、たとえばWTTCなら何をするか、UNWTO（国連世界観光機関）やWTO（世界貿易機関）は何をするかを考えています。持続的発展というキーワードに基づいて、それぞれの組織が計画を考え実行しなさいという指示が出ています。

私たちもツーリズムの視点からそれを考えます。ツーリズムはもともと持続的発展が前提であり、成果が出るのにものすごく時間がかかる産業です。たとえば、文化の醸成でいえば、フィレンツェは400年もかけています。ツーリズムは持続的発展をしなければ成り立たないという必然性をもち、真剣にやればやるほど持続的な発展につながります。

磨けば磨くほどよい。しかし、一般の仕事は、成果が出ないとすぐあきらめてしまいがちです。モノづくりなら、だいたい2~3年で結果が出ています。消費財として売って、売れなければ在庫ばかりが増えるので撤退、生産中止となります。

ツーリズムの中には、5年くらいやっても成果が出ないものはたくさんあります。ツーリズムの真価は、いつどこで化けるかわからないのです。お金よりも時間がすごくかかり、それに携わる多くの人が必要です。

そういう本質をもち、短期決戦は一番似合わない業態だからこそ、持続的発展は大きな命題となります。

2016年9月に開催したツーリズムEXPOジャパンのフォーラムでは、UNWTOのタレブ・リファイ事務局長、WTTCのデイビッド・スコースィル理事長の基調講演をもとに、私も加わりながら持続的発展の議論を行いました。

リファイ氏は「インバウンドの成長とともに責任が生まれる。責任があるからこそサステナビリティが重要になる。ツーリズムが主要な経済分野になり、GDPに貢献し、社会に変革をもたらす。もはや業界がいかに重要かを伝えるのではなく、業界がどう社会に貢献できるかだ」と、社会貢献の視点から主張し、「観光のもつ変革力を用いて、よりよい未来を創造していこう」と、高い志のもと訴えかけました。

スコースィル氏はツーリズムの持続可能な成長は、未曾有のテロが発生したことで短期的な脅威にさらされていることを指摘し、国境封鎖や国境に壁をつくることへの懸念を表明しています。

さらに日本へは、①ツーリズム人材の育成・確保、②大都市の宿泊施設不足、③空港容量の拡大、④旅行者の地方分散化、という4つの領域への挑戦を訴えかけました。これらについては、本書でもすでに指摘したことと重なります。

そのうえで「ツーリズムは雇用を生み、経済を成長させ、社会を支援する。善を進める力であり、平和な社会を構築する」という、ツーリズムの共通価値観を引き出しています。

日本も、東日本大震災、熊本地震の復興に向けてツーリズムが大きな推進力になっています。

そして、国の持続的発展に向けて、DMOは解決策のひとつであり、住民参加が一番大事なポイントです。

観光が国家戦略になったことに感謝しながら、これからは民間が観光を基軸とした発展に向けて政府をフォローし、意見を述べる必要があります。

私たちも2020年まで全力でこの問題に取り組みます。地域を巻き込み、世界・国・地域が同じレベルで話し合い、協働していくことが観光先進国実現のカギです。

ワーキング・トゥギャザーが持続的発展の道につながるのです。

環境回復と清潔感

会社や事業は必ずそこにある目的のためにあり、選ぶ手段にも意義と哲学がないと、しょせん金儲け、という話になってしまいます。

業界を40年以上見てきている中で、そういう事例がいくつかあり、ポリシーのないまま経営していると、最近までずっと続いていた会社があっという間に破たんすることがあります。

日本の高度経済成長期、環境破壊が大きな爪痕を残しました。

しかし、この30年、企業の取り組みと技術開発、また政府の方針により、環境は大きく回復しました。多摩川にアユが戻るくらいですから、すごい改善力です。むしろ、日本はそちらを評価すべきだと思います。

私のＪＴＢの最初の赴任地は別府でした。当時、職場の仲間で馬券を買いたいという話になったのですが、小倉競馬場には誰も行きたがりません。当時の小倉は工場地帯で煤煙だらけだったのです。

仕方なく、あみだくじで当たった人が買いに行きました。１回目に当たったのが私ともうひとりの同僚で、マスクをして行った思い出があります。

東京もひどいもので、飛行機が降下して雲を通り抜けても、雲の下にスモッグがあって見えないくらいでした。

当時、ＪＴＢの本社があった丸の内も、緑を探すのに苦労するくらいで、別府に帰るとほっとしたものです。それに比べると、いまの東京は本当に緑が豊かになりました。

明治維新のころ、日本に来た外国人が、誰が道に落としたかわからない鼻紙を拾ってサッと懐にしまい、打ち水をする日本人の姿を見て、たいへん驚いたそうです。

ヨーロッパは下水の文化ですから、近世までは馬糞も下水に垂れ流し、街中の匂いもすごかったそうですから、日本人の美意識や公共意識の高さに相当驚いたことでしょう。

ところで、ミャンマーはものすごく道がきれいです。お坊さんが托鉢のため裸足で歩くからで、かつての日本文化とまったく一緒です。日本は、そういう美しい文化をどこかで忘れてしまったのではないでしょうか。

民謡にも「朝寝、朝酒、朝湯が大好きで」とあるでしょう。朝湯をする国民は日本しかいません。

オリンピックを機に、日本人の清潔感と美意識を少しは思い出してみるのはどうでしょうか。江戸時代に培った260年間の基礎的な文化です。これは世界から来た観光客が感心する日本人の美質のひとつだと思います。

近未来のツーリズムの課題を読み解く

ツーリズムはこれからますますダイバーシティが高度化して、新しいツーリズムができると思います。また、日本人のツーリズムの捉え方もますます変わってきます。

日本人の価値観はどのように変わっていくのでしょうか。

⦿ライフスタイルの中で労働と休暇のバランスをとる

旅を「余暇」と「休暇」の言葉の違いから考えてみましょう。

第3章の旅の5つの力の「健康の力」でも説明したように、余暇とは仕事から離れている時間を指し、仕事という活動の対義語として位置づけられます。

一方、「休暇」は自分のために使う休み時間です。休暇や旅は仕事と対立する事項ではなく、人生の中の仕事と休暇、そしてそこにある旅は連続性をもつのが特徴です。

基本的に旅は非日常という言葉は、いまのこの点からどこかへ離れているという意味で、一杯飲みに行くのも旅のひとつだと考えることもできます。

普段の生活の中でコンサートや観劇に行くことは、日常から離れた「異日常」です。消費者の視点からいえば、個人個人がそういう感覚を捉えているのではないかと思います。

特別な行事である異日常は毎日の中にあり、それもツーリズムのひとつだとすると、まだやるべき範囲の仕事がたくさんあります。

旅をすれば感性は必ず磨かれます。旅館やホテルの宿泊や、野外活動体験、自然景観を見ることもそうでしょう。

そのためにも、休暇をしっかり認識したいものです。

いままで、日本人は働き過ぎていました。

過重労働や過労死はいまだに社会問題であり、長時間労働が過ぎるので、労働時間を短くせよという議論が活発化しています。

いま、政府は「働き方改革」を唱えています。小池百合子東京都知事も「もっと休みましょう」とワーク・ライフ・バランスではなく「ライフ・ワーク・バランス」を主張しています。日本もグローバル化し、いろいろな国の人と交流していくことで、精神構造が変わるはずです。

日本人、特に経済人にはまだ勤労価値観が根強くあり、労働時間を短くして自分の生活を充実させることへのなじみがないので、2020年のオリンピック・パラリンピックまでにワーク・ライフ・バランスの意識改革と勉強をしておくべきでしょう。

日本の労働者は決して休暇が少ないわけではなく、盆と正月、国民の祝日と土日を合わせると結構な日数が休暇として与えられます。有給休暇も消化しなくてはなりません。

しかし、日程が分散していて、長期休暇は取りづらい構造です。ですから、休みの日数は国民が権利としてもっておき、いつ取るかは自由性をもたせることを検討してもいいでしょう。働き方と同時に休み方の改革も一緒にやらなくてはいけない。これがワーク・ライフ・バランスです。

ツーリズムは、いま大きな課題となっている働き方と休み方についての解決を提示できる力をもっています。

日本は経済的にも先進国になったのに、この分野について一番遅れてしまいました。これをもう一度、ツーリズムでしっかり解決させることがこれからのテーマです。

それは、欧米の方法論を採用することがあったとしても、欧米の生活スタイルを単純にまねることではありません。

⊙旅を分母にして人生を考える「衣食住・旅」

団塊の世代がいま60代後半となり、現役世代を離れ、金銭的にも体力的にも旅行市場を支える存在として、現在がピークだと思います。このピークはあと10年もないので、次の世代の人々に何を喚起していくかが問われています。

かつての日本は1億総中流の社会だったので、国民はよく旅に出かけていました。いまは二極化といわれ、高額所得層は黙っていても旅をするのは間違いありません。

中間層の旅行者は韓国などへの旅を楽しんでいました。ところが、いまそれが政治上の対立や不安などで冷え込んでいます。中国旅行にも一時そういう状況がありました。

旅行者層となるマーケットは、バブルの時代、徐々に拡がり海外旅行ブームが起きたのですが、バブルが崩壊しても長期的には落ちませんでした。

海外旅行マーケットが1990年代の初めに1000万人を超えたときに、JTBの海外旅行の主力商品の「ルック」の取り扱い人数は落ちていったのですが、低価格の海外旅行パックとして1982年から販売していた「パレット」という商品には32万人の利用者がいました。

しかし、「パレット」を捨てて「ルックJTB」にモノブランド化し、2ブランドから1ブランドに戻しました。そして、1996年度「ルックJTB」の取扱人員は116万人を達成し、モノブランドを軌道に乗せました。

これからの時代に合わせて、多様な顧客層にどのような旅を提供していくか、再び戦略を練り直すべき時期がきています。


大事なことは、旅には教育の力があることです。

旅によって精神的に豊かになっていく。そういう意味での旅が、たくさん出てくると思います。

一番いい例は、東日本大震災と熊本地震でのボランティアツアーに、積極的な参加者が大勢いたことです。遊ぶだけでなく、ボランティアなどでの社会貢献を、旅を通してやりたい人はたくさん出てくると思います。

ライフスタイルの中で、旅をどう位置づけるかが大事です。私たちは従来、自分の生き様の中に必ず旅を入れてほしいという気持ちが強く、そこから導き出された言葉が「衣食住・旅」

でした。

この言葉は、ＪＴＢ創業70周年のときに、当時の長瀬恒雄社長が打ち出した言葉です。本当の休暇の取り方をＪＴＢが提示していくことが、大きな役割だと考えています。

ツアーを提案できる旅行会社は他にもあるでしょうが、私たちはツアーを提供するときも、休暇の取り方や休みの間に何をすべきかまで提案できるコンサルティング機能までもちます。入口はツアーや旅行ですが、出口はそのような価値まで感じていただきたいと努めています。充足感や幸福感を感じていただけることで、お客様の人生に与える影響は大きいものになります。

そういう価値を提供するのが旅行会社で、旅行ツアーをただ売るだけの存在ではありません。衣食住を分母にして旅をその上に乗せるのか、旅を分母にして衣食住をその上に乗せるのか。私は旅を分母にするほうを支持します。

そのうえでワーク・ライフ・バランスを取っていけばいい。ツーリズムありきで衣食住を考える人生があっていいと思います。

⊙次世代の若者の旅はどうなる？

これから先は、過去から現在を見たうえで未来を語るのは難しいと思います。過去と現在の延長線上に未来はないからです。スマートフォンのようなテクノロジーは、過去の中からは想像できない世界でした。

日本は、これからますます人口減少の時代となります。50年後の未来を語るとするならば、若者たちへのメッセージは、「日本を知って、世界を知ろう」です。

世界を知るだけではだめです。現代は、ポピュリズムが台頭し始めていますから、それとは一線を画しながら、正確に日本のことを知り、戦争があった事実も認識し、必要条件を満たしたうえで世界を見に行くべきです。

しかし、いまの30代、20代はゆとり世代、さとり世代といわれます。

さとり世代は、2013年の流行語大賞にノミネートされ、物質やお金、出世への欲求が薄く、ネット情報やデジタルコミュニケーションには敏感でも、旅には関心がないという、ジャーナリストや博報堂若者研究所の分析から生まれた言葉です。

私は、さとり世代が実際どういうタイプなのか、はっきりと把握しているわけではありませんが、思い当たる節はあります。

私はいくつかの大学で特別講義を行っています。そのアンケートの中には「いまはスマホで何でも見られるから、旅になんか出なくてもいい」という回答がありました。

これは寂しいものです。ツーリズムの講義を受講しているにもかかわらず、この回答です。

しかし、彼らも元気がないわけではないのです。

◉若者のコミュニケーション不全をどう克服するか

この要因を私なりに考えると、一番はコミュニケーション、対話する力がだんだん落ちていることです。日本の若者は、だんだん本も読まなくなり、情報も偏っています。外に飛び出す力が弱いのか、仲間内でのデジタルコミュニケーションにこもり、ネットの中が真実になっています。あれは、コミュニケーションというより、断片的な会話に近いものです。スマホ、タブレットの画面ばかり眺めて、文字だけ打っていると話せなくなります。

しかし、日本はこれからグローバル化をより進め、世界に冠たるものに取り組む人材を育てるならば、もっとリアルなものに向き合ってもらいたいと願っています。

普通、グループで飲んでいて、酔っぱらってけんかすると誰かが止めるでしょう。ところが、いまのネット社会の中では誰も止めず、あおっています。それで関係がぎくしゃくしている部分があるのではないかと、個人的には感じます。

平和を創り出すには、コミュニケーションが欠かせません。世界の平和を維持し、コミュニケーションを調整する場所として国連があります。皆で話し合って決めるというルールに基づいています。

世界はそのようなかたちで平和が保たれることを、いまの若者にもわかってほしいものです。いまの子供たちは、コミュニケーションする場所をたくさんつくるために、インターネットから抜けきれません。

とはいえ、ネットを完全に断ち切ればいいということでもありません。これほど高い利便性のある道具が現れるとは思いませんでした。

また、ホストコンピューターがなくても、大容量で高度な情報を瞬時にやり取りできるようになりました。

しかし、情報だけで終わるのではなく、もっと体験をしてもらいたい。ツーリズムにおける「経験消費」をもっとしてほしいわけです。

その価値を、これからの日本社会の生きる人たちもだんだんわかってくると見ています。バーチャルとリアルがうまく混じり合う世界を展望しています。

コミュニケーション能力は、どの時代にも共通です。現代人は基本中の基本を忘れている気がします。人と人が心を通わせながらしゃべることです。

ツーリズムにかかわる人だけでなく、あらゆる産業にかかわる人たちが、コミュニケーション能力を高める必要があります。

メールなどのやり取りではいろんな意見が出ますが、対話が深まったり、企画力が上がったり、イノベーションが起きたりはしません。

画面上で意見の賛成・反対を打ち込むだけでは、相手の顔色もわからず、議論にもなりません。そういう場所と場面が大事なのは、やはり学校教育がキーワードだと思います。

コミュニケーションの場所と場面を多くつくることが、これから何より求められています。

◉外に出たがらず、留学もしなければ世界とのネットワークが貧弱になる

この世代に旅の効用を教えなくてはいけないという気持ちから、私は大学での講義も引き受けています。

日本ではいま、観光立国に向けてインバウンド拡大策をとっているのですが、最終的には日本と海外の双方向交流の発展が理想形です。

しかし最近、若者が海外旅行しないことは悩ましい現象です。

なぜ海外に行かないのかというと、外に出たがらないからだそうです。ますます井の中の蛙になるのではないかと心配しています。

先ごろボストンに行ったのですが、ハーバード大学の関係者とお話ししたところ、日本からの留学生が激減しているといわれました。東アジアの留学生が10人いるとすると5人強が中国人、4人が韓国系、最後のひとりが日本人だそうです。

30年前は逆だったはずです。日本の場合は人口が減少しており、中国は経済成長しているから差がついたのでしょう。

日本も昔はそうだったので、必ずしも悪いわけはないのですが、日本の人口1億人に対し、中国は13億人と、比率的に出る人が少なくなるのも仕方ありません。しかし、韓国は5000万人ですから、なかなか頑張っています。

ここで心配されるのは、将来日本のエリート層の人的ネットワークが貧弱になるのではないか、ということです。

これだけインターネットやソーシャルネットワークが普及して、情報が自由にとれる時代になりました。

しかし、もうひとつのネットワークに、人的ネットワークがあります。人的ネットワークが活きてくるのは、関係を築いた30年先で、いまの20代の人が40代、50代になったときです。私も、大学時代のネットワークが活きたのは専務になってからです。

同じ学校を卒業している仲間たちがいろいろな仕事に就いており、それなりの責任あるポジションになったときにお互いに協力し合う関係になれば、情報のやり取りもスムーズに進み、意外なコラボレーションが起きたり、新しい知恵の創出につながったりします。

大学の同窓には、いろいろな人的ネットワークが広がる便利なところがあります。

大学に通うことは未来に対しての投資なのですが、20年後、30年後にハーバード卒の東アジアの要人が１００人集まると、60人が中国人で30人が韓国人、10人が日本人。これはあくまでたとえですが、そういう人々が世の中を動かしていると思うと空恐ろしくなります。

いまから30年前に同じことが日本にあって、いまそれでアジア諸国が日本を追い越そうとしています。

また、東南アジアがそれを始めたら、人的ネットワークでますます日本の存在感が薄れてしまいます。

日本がこれからも存在感を示し続けるためには、世界で働く日本人が増えてくれなければいけません。30年後、日本の人口は３０００万人減るといわれています。

いまヨーロッパのドイツ、イギリス、スペインも同じ状況にあり、それで移民の問題がクローズアップされてきました。

日本はどうするのでしょうか。現実的にそういう状況になっているというのは手に取るようにわかります。そういう時代に、これからの若者はどう対応していくのでしょうか。

いろんな機会を使って人的ネットワークをつくらないと、30年後に困ることになります。

◉若者に向けての「エクスペリエンス・マーケティング」

そこで、私たちができることは、若い人に旅に行くことをすすめるための道具立てを考えることです。

私たちが若かった時代は経済成長も盛んで、欧米先進国は日本より進んでいるという意識のもとで、貪欲に世界を見に行きたいという欲求がありました。

しかし、いまは日本以上に進んでいる国があるのかというところまで、日本社会の発展が進みました。

若者たちに何があったら幸福なのかと問うと、一番興味があるのは、LINEなどでやりとりするコミュニケーションと答えるでしょう。

これまでは、情報をとるのは新聞・テレビ・雑誌でしたが、いまはスマホひとつですべてがわかります。

しかし、そろそろそういうライフスタイルに若者が飽きてくれないかな、と思っています。

このままスマホばかりに時間を費やして、社会人となり仕事で初めて海外に行くようになったとき、外国人との異文化コミュニケーションや経験したことのない事態にうまく対応できるのか、非常に心配です。

２０２０年のオリンピック・パラリンピックの話題は全世界共通です。これはまたとないチャンスだと思っています。この成功が、次世代の若者たちに何か伝えられるものがあるのではないかと期待しています。

オリンピック・パラリンピックのスポーツの力と文化プログラムが、若者の心にも響くようなリアルな体験を打ち出せれば、世界に向かって外向きになれるような影響を与えることができるのではないでしょうか。

しかし、いまの若者が感じるわくわく感は、ひとつのものに絞り切れず、多様化しています。一人ひとりの個性をひも解くのは複雑で手間がかかります。

昔はトレンドを生み出すのに、ひとつの大きな輪で一気に括ればよかったのですが、いまは輪の網目から抜け出てしまい、マーケティングが非常に難しい時代に突入しています。大衆の動きから読み解くマーケティングからは答えが出てきません。

テレビのドラマやバラエティを見ても、コンテンツに昔の勢いがなく、若者を惹きつける人気番組もすぐには思い当たりません。

ただ、ＳＮＳの交流やつながり感はものすごく大事にしますから、コミュニケーションに対する希求はあります。

そこで私は、マーケットインよりプロダクトアウトで発信したほうがブレークスルーできるのではないかと推測しています。

サービス財も、どちらかというとメーカー的に考え、製品をつくってリリースする。その後で、マーケットインの発想で普及を進めます。

このような新しい概念で、「モノ」ではなく「体験」を売る、エクスペリエンス・マーケティングを提案したいと思っています。

終章

旅は人生、人生は旅

人を動かすことが楽しそうだと思ってＪＴＢに入り、46年が経ちました。そして、旅行業界の中で旅を勉強し、いろんな業務にかかわりました。

そこでつくづく実感するのは、「旅は人生、人生は旅」という思いです。旅と人生は表裏一体で、素晴らしい体験を多くの人にしてもらいたいと願って、日々旅人のお手伝いをしてきました。

しかし、私自身は、旅人としては失格かも知れません。旅行会社の社員ですから、私にとって旅は仕事です。私はトラベルという旅の力から得られるものをたくさん自分の糧にしてきました。

いま拝命している務めは、その糧を放出しているようなものです。

⦿ツーリズムの価値を高める

以前の旅は、中流層が同じ方向を見て、人気の旅行地に行って同じような行動をする大衆的な旅でした。

戦後70年の日本の成長プロセスの中で、高度成長もあり、失われた10年もあり、大震災もありました。いろんな出来事があったとしても、ここまで成長を遂げました。

いま85歳の人は、20年前は65歳だったわけです。大卒の会社員の人なら、昭和31年入社でしょう。私は団塊世代のひとりですが、私たちより10歳上の人たちは、なかなか仕事から離れられない世代です。

いまの団塊の世代は、自分がリタイアしたら、自分の自由な時間をもちたいと願ってきた層です。団塊世代は、その数の多さから、生まれてこの方ずっと競争していました。

この15～20年は、経済的にはともかく、心理的な豊かさとして、日本人の心として、会社員時代とは違うことをやりたいという思いがあるでしょう。

旅人は団塊の世代に大勢います。旅行だけでなく、マニアックな検定を取ったり、ボランティアやコミュニティ活動にも意欲的で、知的好奇心が旺盛です。

私たちも旅行会社の社員として、旅を大衆化しようと努力してきました。

しかし、いまや個性豊かな自分にとっての旅が大事な時代になっています。押しつけられるものでなく、自分で考え、自分で旅をします。

そこで、時代を読むということが重要になるのです。時代を読みながら常に先取りして、新しいパッケージ旅行をつくるのもそうです。

そういう意味で、マーケットインではなく、プロダクトアウトに主力を置いてきたのが、私の仕事のやり方です。

この考え方はおそらく間違っていないと思っています。なぜなら、国が地方創生という地域の活性化で取り組んでいることとまったく同じだからです。

ＤＭＣは、プロダクトアウトを磨けば磨くほど、より具体的で詳細で、地域密着になります。最後は結局、地域の生活文化をことごとく知りつくすことになります。このことが一番大事ではないでしょうか。

東日本大震災で自動車の部品供給が一時ストップし、生産ラインに大きな影響が出たことは記憶に新しいところです。自動車は部品３万点の集合体です。全体を統合する本社工場だけが大事なのではなく、一つひとつの部品をつくり込む部品工場の現場も大事です。

中小企業も生き残るために必死になって格闘しています。私たちの業界も中小企業が多く、最大のＪＴＢでもグループ社員数２万７０００人ですし、メーカーに比べると規模は大きくありません。

私たちの産業は規模の大きさを追求するのではなく、それぞれ個人の人生の中に旅を入れこめるかどうかにかかっています。

未来を語る個人個人が、旅に関して関心をもたなければ、ツーリズムの将来はありません。

「旅がなければ、人生ではない」……。部品がひとつなくてもクルマが走れないのと同じように、旅が抜けたらその人の人生も走れない。

そのような大きな存在にまでツーリズムの価値を高めていきたいと思いながら、事業を続けています。

すでに、そのくらいの価値をもっていると思っています。

⦿旅行業はライフスタイル創出事業

欧米の世界でツーリズムの存在は当たり前になっています。旅はライフスタイルそのものだとすれば、おぎゃあと生まれてお宮参りをして、最後にお葬式という大イベントをあげるまでが、旅とかかわると考えてみましょう。

昭和30年代、ある商社は「ゆりかごから墓場まで」というキャンペーンを打ったことがあります。ＪＴＢは交流文化を打ち出していますが、最終的にはライフスタイル創出事業だと思います。

「あなたの人生を変えます」「あなたの人生を充実させます」「もっとレベルの高い人生を実現します」ということです。

それは生まれてから亡くなるまで続きます。そういう意味でのコンサルティングが、旅行業の役割です。どんな旅をするかは、そのときの希望によって変わります。

旅行業はチケットエージェントとしての代売の役割から始まったものですが、旅行業界側の意識も変わらなければ、旅行会社には切符を手配してもらいに行くのであって、自分の人生を相談しに行く場所ではないと思われたままです。

旅行会社の役割を、人々の人生により深くかかわる存在に変えていきたいと考えています。そのためにも、いまＣＳＲというブランディング活動を行っており、さらにＣＳＶ（Creating Shared Value）という考え方へと発展させています。

社会貢献しながら利益化していくことであり、ＤＭＣの取り組みはまさにこれに当たります。ある地域が観光により活性化すれば、まず地域の経済発展に貢献します。貢献したうえで地域が豊かになると、その地域からの旅行者が増えます。

ＪＴＢの旅行事業は発受両方をやっていますから、両方で収益を上げることができます。

旅が分母になるような生き方をする人は徐々に増えていますが、まだ大衆的とはいえません。長時間労働の問題は日本の産業社会では未解決ですので、今後はオリンピック・パラリンピックを分水嶺として、日本人の見る目も変わってくるはずです。そのような意味で、いまは端境期です。

勝負は２０２０年からの10年間です。この期間にもし日本がワーク・ライフ・バランスや子育て支援などの課題を解決できれば、2030年までの間、人口が減っても豊かな国づくりができます。

そのときには、ツーリズムだけが社会的な課題の解決策ではありません。6次産業として、農業や商業にもかかわりがあります。前述した商店街の活性化も、私たちがかかわる問題につながります。

⦿人を動かすことを使命とする

世界の潮流の中で、いま日本は地方創生をテーマにして観光立国を実現しようとしています。しかし、地方創生は日本だけでは解決しません。そのことを一般市民、国民は認識しなくてはならないでしょう。

インバウンドは、日本を救うための必要条件です。なぜかというと、人口が減る中で国の発展と経済成長を実現する方法は、交流人口を増やすしかありません。

これまでそれをやってきたのがフランス、イギリス、スペインです。それによって経済成長を実現しています。

日本はいよいよ人口減少時代に入り、2016年には16万人減りました。

東京都の人口1350万人も2025年をピークに減少し、2050年には1274万人にまで減ると予測されています（東京都政策企画局）。

日本全体の2017年の人口（1億2672万人）と2040年の人口予測（1億1092万人）の差から平均を割り出すと、1年間に65万人以上が減少する計算になります。

これはたいへん厳しい課題です。この3年間、私はJATA会長、WTTC理事、そして副会長という役目を仰せつかり、テロや災害が増えるという社会状況下で務めてきましたが、問題を整理しながら任にあたらなくてはいけないと気を引き締めています。


インバウンド政策も、中国一辺倒ではなくて、欧米豪を含めて全世界の仕組みを考えなくてはいけません。

20年後を考えると、2030年の6000万人という目標で足りるのかどうかの再検討も必要です。アジアの交流人口が約5億人だと見たときに、6000万人はシェア12％しかありません。

日本のアジアにおける実力からすれば、少なくとも2割くらいのシェアがあってしかるべきです。これは日中韓共同で取り組むものでもあります。日本だけに来てほしいというより、北京―ソウル―東京という北アジアのツアーを周遊で売れば相乗効果が上がります。

そういうインバウンドの人の流れをつくる仕掛けは、旅行会社にしかできないことです。ほかの業種では、来た人に対してサービスを提供することが主となりますが、人を呼ぶことは旅行会社の仕事です。

ナショナルフラッグの定期便の飛行機だけでなく、チャーター、ＬＣＣといろいろな形態があります。船も大型船だけでなく、中型船、クルーザーといろいろな形態があります。

自社の便だけでなく、飛行機や船とどのような交通アクセスをつないでいくか、そこまで考えるのが旅行業界の仕事です。人の往来を考えるのが大事で、それが旅行会社のできる強みです。もっともっと、頑張らなくてはいけない部分でしょう。日本政府観光局（ＪＮＴＯ）は日本の国を紹介するＰＲセンターですが、実際に呼んでくるという仕事は旅行業の役割です。お客様が個人で来るかエージェントを通したツアーで来るかのいずれかしかありません。

近年のアウトバウンドの旅行会社利用率はだいたい65~70％といわれています。特に、初めて海外旅行に出る日本人は、旅行会社を利用します。マーケットが１００万人に満たないとき、最初にジャルパックやルックができて50年間の流れができました。

多くの日本人は自分だけで海外旅行に行くのが不安です。ハワイや韓国くらいならそうでもありませんが、南米やアフリカ、北欧など、行き慣れないところだと、ひとりでは行きにくいでしょう。

インバウンドにはまだその時間軸がありません。ＪＴＢは創業１００年を超えましたが、日本に旅行客を来させるための制度を変えるような努力はしてきませんでした。それが、これからの日本のツーリズムの重要なテーマです。省庁連携が、これからのインバウンド増大に向けて必要不可欠です。そのために観光省が必要だという思いがあります。

とはいえ、物事を推進するには組織論ありきよりも、まず実体からです。

具体的な活動や行動をしている事実が先にあって、それを効率化・合理化させるために組織が必要だと考えるべきです。立派な組織図を描いて満足するだけではいけません。それを動かすための政策やマニュアル、方法論があるのかと問われて「まだこれからです」と答えるようでは本末転倒で、施策は進みません。

こんなことをやりたいというビジョンがあって、これをやるためにはどのような組織が必要で、そのためにどんな人材が必要だと考えて初めて、組織・人事・政策という三位一体が動きます。21世紀の本格的な観光立国政策推進に向けて、実体ありきの組織・省庁再編であってほしいと願っています。

私の人生の旅はまだまだ続きます。

人を動かすことが好きだから、私の人生はお客様をアテンドしてばかり。たまには自分が旅人になってみたいという思いもあります。

経営者や公職に就いてからは、仕事で海外に行っても、公式行事や招待側の接待があって、自分の行きたいところにも行けません。

しばらくは、自分の使命と役割に没頭することになりそうです。

◉座右の銘とともに

「過去には感謝を。現在には信頼を。未来には希望を。」

これは、私が高校時代に日記の最後のページに書きつけていた、ドイツの哲学者オットー・フリードリヒ・ボルノーの言葉です。

慶應義塾大学ではＳＬＣ卓球部に入ったものの、大所帯でレギュラーにとてもなれないと思ったとき、先輩のすすめもあってマネージャーとしてサポートする側に回りました。

3年になると後輩の選手たちからいろいろな相談をもちかけられるようになり、どうすればマネージャーとして彼らの悩みを解きほぐすことができるのか、こちらも悩んでいたときでした。ふと、この言葉に目が留まったのです。

「人にはいろいろな悩みがあるけれど、時間軸で考えればなんてことないよ」と後輩に話したところ、「いい言葉ですね。簡単なようですけど重みがあります」と、後輩は笑顔で乗り切ってくれました。

社会人になってからは、自分がこの言葉に励まされるようになりました。特に、経営陣の仲間入りをしたころから強くそう思うようになっています。

悩んだら過去と現在を見据え、そして将来を考えるようにしています。

難局に直面すれば未来を見つめ、順風のときは現在を見る。

この言葉を知らなかったら、逆の行動を取っていたはずです。

いまでも、この言葉を執務室に飾って毎日読み返しています。

座右の銘は、温故知新が息づく旅行の世界にもあてはまり、自分の歩みにふさわしい言葉だと思っています。

あとがきに代えて～観光先進国の一翼を担う

最後に、観光先進国の実現に向けた、ＪＴＢのこれからの貢献について触れておきたいと思います。

ＪＴＢのルーツである「ジャパン・ツーリスト・ビューロー」が専ら外国人観光客の誘致、斡旋を目的とした機関として誕生したのは１９１２年、いまから約１００年前のことです。外国人をツーリスト（観光客）として日本に誘致し、観光で日本文化への理解を深めてもらい、外貨を獲得し、国家の繁栄を実現する。現代の訪日観光にも通じる、当時としては非常に先進的な考え方だったといわれています。

以来1世紀にわたり、創業時の訪日外国人向けのきっぷ代売、クーポン発行から、第二の創業ともいうべき海外・国内パッケージ旅行の造成販売、修学旅行・企業の旅行・ＭＩＣＥなどの法人ビジネス拡大と、お客様とともに進化を続けてきました。

こうした歴史を礎に、ＪＴＢはさらなる飛躍を遂げるため、「第三の創業」に挑戦します。髙橋広行社長のもと、２０１８年1月より社名を㈱ジェイティービーから㈱ＪＴＢへ変更し、事業ドメインも「交流文化事業」から「交流創造事業〜ＪＴＢならではのソリューション（商品・サービス・情報および仕組み）の提供により、地球を舞台にあらゆる交流を創造し、お客様の感動・共感を呼び起こすこと」へ変更します（２０１８年4月から）。

これは、ＪＴＢが商品・サービス・情報を提供する意味合いは、あくまでお客様ニーズの充足や課題解決に資するもの、すなわち「ソリューション」である、ということと、いますでにある交流の拡大や高度化に留まらず、交流自体を「自ら創造する」、ということ、そして何よりも「お客様の感動・共感を呼び起こす」というお客様にとっての結果、成果にまでコミットしていきたい、という強い思いを込めています。

具体的な将来の事業領域としては、「『国としての課題・社会としての課題』の解決」にまで視野を拡げ、「人の生活の質の向上」「持続的な地域社会の発展」「企業の社会的価値の向上」の3つのテーマの中で、成果をお約束できるレベルの新たなソリューションビジネスの創造に、果敢に挑戦していきます。

ＪＴＢが目指す姿。個人や法人のお客様の課題はもとより、地域、国、社会が抱える課題を解決し、成果のお約束が実現できている姿は、そのまま日本が目指す姿、すなわち観光先進国が実現できている姿に直結するものと確信しています。

これからのＪＴＢ、「第三の創業」に大いにご期待ください。

＊　＊　＊

本書を書こうと思ったきっかけは、福井新聞社が主催する「若越倶楽部」に、父の出身が福井ということで参加させていただいた折に、中央経済社の山本時男代表取締役にお会いしたことでした。

5年前に遡りますが、奇しくもインバウンドが伸び始め、日本に観光立国の風が吹き始めてきたころでした。

ＪＴＢは2012年3月に100周年を迎え、さまざまなところから講演依頼が急増していました。

その中で、ＪＴＢ100年の歴史と、ツーリズム産業の面からみた日本の取り組み課題に対する提言をお話ししていたところ、その内容をまとめて書籍として出版してはどうかとの提案をいただいたのです。

当時はまだ社長であったため、実業のほうも多忙を極め、自分のことも含めて本を書くということに抵抗がありました。

しかし、2014年に会長職となり、かつ日本旅行業協会の会長として日々を送る中で世界の潮流を知るにつけ、今後、日本の観光立国を推進するためには、1970年代の初めから見てきた日本のツーリズム産業の歴史と、JTBの100年にわたる歴史とを重ね合わせながら、未来を模索する必要があるのではないかと思い至り、このようなかたちで取りまとめたものです。

執筆にあたっては、中央経済社の編集の皆様やJTBスタッフの力を借りながら完成させていただきました。御礼あるのみです。

また、本書にお名前を出させていただいた方々、お名前は出さずとも多くの示唆をいただいた皆様にも感謝申し上げます。

本書が、日本のツーリズム産業の発展と観光立国推進の一助となればうれしく思います。

さらに、これから私たちの仲間としてツーリズム産業で働こうとする方々にも、ぜひお読みいただきたいと思います。

《参考図書》

『命のビザ、遥かなる旅路―杉原千畝を影で支えた日本人たち』北出明著、交通新聞社、2012年
〝人生を豊かにする、新たな暮らし方へ〟「LONGSTAY」2017秋号、一般財団法人ロングステイ財団
『JTBグループ100年史　1912～2012』JTB100周年事業推進委員会編纂、株式会社ジェイ・ティー・ビー、2012年

●著者紹介

田川博己（たがわ　ひろみ）

株式会社 JTB　代表取締役会長
（一般社団法人日本旅行業協会会長）

1948 年生まれ。東京都出身。1971 年慶応義塾大学商学部卒業後、株式会社日本交通公社（2001 年株式会社ジェイティービー、2018 年株式会社 JTB へ社名変更）入社。配属先の別府支店では一般営業はじめ外国人旅行客の旅行手配、斡旋等を担当。その後本社国内旅行部で企画、契約業務を担当。1990 年営業企画部企画課長に就任しマーケティング、全社店舗展開、広告宣伝、JTB トラベルポイントカードの元となるお得意様カードの企画、開発業務に係る。1993 年海外旅行部次長、1996 年川崎支店長。1998 年米国法人日本交通公社取締役企画部長、1999 年同取締役副社長。2000 年に帰任し取締役営業企画部長、2002 年常務取締役東日本営業本部長。2005 年専務取締役就任。営業企画本部長、旅行事業本部長として国内・海外全社営業全般を担当。
2008 年 6 月代表取締役社長就任、2014 年 6 月代表取締役会長就任（現職）。

事業ドメインを旅行業から交流文化事業へと進化させ全国各地の地域活性化に取り組む傍ら、経済産業省、観光庁主催の研修や大学の講義を通して観光産業に係る人材の育成に力を注ぐ。

2012 年 4 月 WTTC（世界旅行ツーリズム協議会）東京大会の実行委員長、
2014 年 6 月日本旅行業協会会長、
2016 年 4 月 WTTC 副会長に就任。

公益財団法人日本観光振興協会副会長、
NPO 法人日本エコツーリズム協会副会長、
一般社団法人ジャパンショッピングツーリズム協会会長、
公益財団法人東京観光財団理事、
一般社団法人日本経済団体連合会幹事、
公益財団法人日本生産性本部理事、
ワールドカップラグビー組織委員会理事
一般社団法人山陰インバウンド機構会長、
一般財団法人ロングステイ財団会長、
福井県その他の自治体観光アドバイザーを務め、観光振興、地域活性化に積極的に取り組んでいる。

観光先進国をめざして

日本のツーリズム産業の果たすべき役割

2018年3月1日　第1版第1刷発行

著　者　田　川　博　己

発行者　山　本　継

発行所　㈱中央経済社

発売元　㈱中央経済グループパブリッシング

〒101-0051　東京都千代田区神田神保町1-31-2

電　話　03（3293）3371（編集代表）

03（3293）3381（営業代表）

http://www.chuokeizai.co.jp/

製版／三英グラフィック・アーツ㈱

印刷／三　英　印　刷　㈱

製本／誠　製　本　㈱

編集協力：上本洋子（自在株式会社）

＊頁の「欠落」や「順序違い」などがありましたらお取り替えいたしますので発売元までご送付ください。（送料小社負担）

ISBN978-4-502-25251-8　C3033